am. mniam

Roślinna kuchnia dla małych i dużych

MAGDALENA GEMBACKA

WIĘCEJ WARZYW NA TALERZU

MARGINESY

Spis treści

7

Małgorzata Desmond

Zdrowa dieta, zdrowe życie

Zdrowy styl życia, którego podstawą jest zdrowa dieta, stanowi fundament naszego zdrowia.

Udowodniono, że może zapobiec 93 procentom przypadków cukrzycy, 81 procentom zawałów, 50 procentom udarów i 36 procentom nowotworów! Żaden lek ani zabieg medyczny nie jest w stanie dać tak imponujących efektów.

Mimo że potrafimy wyhodować dziś różne części ciała w laboratorium, przeszczepić człowiekowi twarz, rozpuścić zaćmę czy stworzyć sztuczne oko dla osób niewidomych, współczesna medycyna nie radzi sobie z epidemią schorzeń, które wynikają z niezdrowego trybu życia.

Choroby krążenia, cukrzyca i nowotwory dotyczą 55 procent naszej populacji i odpowiadają za ponad 75 procent wszystkich zgonów. Co więcej, na chorowanie tracimy między 70 a 90 procent naszego życia. Choroby wynikające ze złej diety stanowią też największą część wydatków w służbie zdrowia.

Powyższe statystyki dotyczą osób, które w dzieciństwie jadły co innego niż współczesne dzieci. Ci, którzy dziś dobiegają czterdziestki, czyli ludzie, u których dopiero zaczynają się objawy wspomnianych chorób, dorastały w latach osiemdziesiątych, kiedy dostępność słodyczy, słodkich napojów, czipsów i innych wysoko przetworzonych produktów była nieporównywalnie niższa.

Dzieci XXI wieku nie mają takiego szczęścia. Są pierwszym pokoleniem, które – jak przewidują naukowcy – może żyć krócej niż ich rodzice. Powodem jest jeden z największych problemów zdrowia publicznego na świecie – dziecięca nadwaga i otyłość.

W Polsce problem ten dotyczy około 14 procent polskich dziewcząt i prawie 20 procent chłopców. To ponad dwukrotnie więcej niż w latach osiemdziesiątych i liczby te cały czas rosną.

Z czego to wynika? Ponad 30 procent polskich dzieci nie je śniadania. Mniej niż połowa jedenastolatków spożywa owoce każdego dnia, a młodzież w wieku piętnastu lat – mniej niż jedna trzecia. Spożycie warzyw jest jeszcze niższe: sto procent niemowląt oraz dzieci w wieku do trzech lat nie spożywa ich wystarczającej ilości. Natomiast dzienne spożycie napojów słodzonych wzrasta wraz z wiekiem: z 18 i 24 procent wśród jedenastolatków do 20 i 27 procent wśród piętnastolatków. W diecie polskich dzieci nie brakuje też białego pieczywa, ziemniaków, wysoko przetworzonej żywności oraz słonych i słodkich przekąsek. W rezultacie jedzą za dużo tłuszczów, soli, prostych węglowodanów i cukru.

Nadmierne otłuszczenie sieje spustoszenie w młodym organizmie. Bezpośrednio zwiększa ryzyko nadciśnienia, miażdżycy, cukrzycy, stłuszczenia wątroby, astmy, schorzeń mięśni i stawów, bezdechu sennego. Otyłość w dzieciństwie może również przyczynić się do problemów z zachowaniem i do zaburzeń emocjonalnych, takich jak depresja, oraz skutkować gorszymi wynikami w szkole.

Co więcej, jeżeli raz doprowadzimy dziecko do nadwagi lub otyłości, to konsekwencje – nawet jeżeli potem schudnie – będą mu towarzyszyły do końca życia. Nadwaga w okresie rozwoju pozostawia swoisty ślad, który zwiększa ryzyko wystąpienia chorób serca i cukrzycy, a koniec końców skraca życie, niezależnie od BMI osoby dorosłej. Otyłe dzieci staną się też najprawdopodobniej otyłymi dorosłymi.

Dieta naszych dzieci jest na tyle niezdrowa, że nieprawidłowości w fizjologii widoczne są nawet wtedy, jeżeli dzieci pozostają szczupłe. W badaniach, które w 2010 roku przeprowadzałam w Klinice Pediatrii, Żywienia i Chorób Metabolicznych Instytutu „Pomnik – Centrum Zdrowia Dziecka" (IPCZD), 32 procent dzieci z województwa mazowieckiego o prawidłowej masie ciała w wieku 3–10 lat, żywionych tradycyjnie, miało podwyższone stężenie cholesterolu we krwi, a 98 procent z nich przekraczało maksymalnie zalecane spożycie nasyconych kwasów tłuszczowych, czyli tych, które najbardziej podwyższają cholesterol. Spożycie białka wynosiło 250 procent dziennej zalecanej dawki. Wysokie stężenie cholesterolu „buduje" blaszkę miażdżycową już w dzieciństwie. Dzieci z podwyższonym cholesterolem najprawdopodobniej staną się dorosłymi z hipercholesterolemią. Nadmiar białka w diecie dziewczynek, szczególnie zwierzęcego, przyspiesza dojrzewanie. Wczesna miesiączka (przed dwunastym rokiem życia) zwiększa ryzyko nowotworu piersi oraz zawału i udaru w przyszłości.

Nierzadko zdarza mi się widzieć też w gabinecie nastolatki i nastolatków, którzy jeszcze nie kwalifikują się do kategorii nadwagi, ale których wyniki wskazują na stan przedcukrzycowy! Niestety, pytani o świadomość problemu, twierdzą, że połowa szkoły odżywia się tak samo i nie widzą w swojej diecie niczego nieprawidłowego.

Książka Magdaleny Gembackiej jest ważną lekturą dla wszystkich rodziców. To praktyczny instruktaż, jak zmniejszyć ryzyko wystąpienia wielu chorób u twojego dziecka dziś i w przyszłości lub po prostu jak je zdrowo żywić, wprowadzając więcej smacznych i prostych potraw opartych o niskoprzetworzone produkty roślinne.

Dlaczego? Diety oparte o niskoprzetworzone produkty roślinne (w tym wegetariańskie) to najskuteczniejsza profilaktyka chorób serca, nowotworów, nadwagi i otyłości, cukrzycy i nadciśnienia. Diety roślinne sprawdzają się również jako interwencje terapeutyczne z efektem porównywalnym do terapii farmakologicznej.

U dzieci dieta oparta o produkty roślinne (ale niekoniecznie stuprocentowo wegetariańska) najlepiej chroni przed nadwagą i otyłością. Więcej roślin na talerzu to też większa szansa na prawidłowy cholesterol, ciśnienie czy poziom cukru u twojego dziecka i opóźnienie przedwczesnego dojrzewania.

Dlaczego więc nie zastąpi kilka razy w tygodniu śniadaniowej białej bułki z masłem, szynką i żółtym serem na placki owsiano-bananowe ze szpinakiem?

Dostarczymy przez to dziecku – porównując tą samą wartość energetyczną porcji – o półtora raza więcej błonnika, pięćdziesięciokrotnie więcej witaminy K, dziesięciokrotnie więcej witaminy C, czterokrotnie więcej potasu, dwukrotnie więcej kwasu foliowego, magnezu i witaminy A oraz dwudziestopięciokrotnie mniej sodu i sześciokrotnie mniej nasyconych kwasów tłuszczowych.

Zamieniając słodkie płatki śniadaniowe z mlekiem na śniadaniowy koktajl z owocami jagodowymi i zieleniną zyskujemy dwukrotnie więcej kwasu foliowego, czterokrotnie więcej witaminy A, sześćdziesięciokrotnie więcej witaminy C, czterokrotnie więcej magnezu, trzyipółkrotnie więcej potasu, dwukrotnie mniej sodu, półtorakrotnie więcej cynku oraz brak dodatku cukru przy podobnej podaży wapnia i białka.

Dodatek mleka sojowego lub tofu do takiego koktajlu może w przypadku dziewczynek zmniejszyć ryzyko raka piersi. Jednak badania pokazują, że ten efekt można uzyskać tylko wtedy, jeśli zaczniemy podawać produkty sojowe wcześniej, najlepiej przed wystąpieniem pierwszej miesiączki.

Zdrowa dieta to też inwestycja w dobre wyniki w szkole – udowodniono, że podwyższa inteligencję u dziecka jak również zapobiega wielu problemom wychowawczym i depresji.

Jako dietetyk kliniczny specjalizujący się między innymi w zagadnieniach wpływu diet roślinnych na zdrowie, od ośmiu lat – wraz z naukowcami z Institute of Child Health, Univeristy College London oraz Kliniki Pediatrii, Żywienia i Chorób Metabolicznych IPCZD – badam dzieci wegetariańskie i wegańskie. Dlatego też dość często spotykam się z rodzicami, którzy od samego początku stosują roślinne diety u swoich dzieci. W tej grupie, w porównaniu do grupy dzieci spożywających dietę tradycyjną, bardzo dobrze sprawdza się powiedzenie: „czym skorupka za młodu nasiąknie, tym na starość trąci". Rodzice małych wegetarian i wegan o wiele rzadziej skarżą się na to, że ich dzieci nie lubią warzyw. Powód jest bardzo prosty – tam warzywa są częścią prawie każdego rodzinnego posiłku. Badania pokazują wyraźnie, że nasze zwyczaje dietetyczne kształtują zwyczaje naszych dzieci.

Całkowita dieta roślinna nie jest konieczna, aby osiągnąć efekty zdrowotne, a stosowana u dziecka wymaga nadzoru dietetyka. Jednakże jej elementy powinny trafić na stół każdej polskiej rodziny – jako podstawowy element zdrowego stylu życia. Książka *Więcej warzyw na talerzu* w znacznym stopniu nam to ułatwi.

MAŁGORZATA DESMOND
dietetyk, specjalista medycyny żywienia
Warszawa, czerwiec 2018

Z warzywami za pan brat

Moja przygoda z blogowaniem rozpoczęła się prawie osiem lat temu od zdrowego gotowania dla mojego synka. Gdy Kacper przyszedł na świat i małymi krokami zbliżał się czas rozszerzania jego diety, bardziej zainteresowałam się tematem odżywiania i jego wpływem na zdrowie. Postanowiłam wówczas, że chcę Kacpra odżywiać tak, by od początku budować odporność jego organizmu. Szybko się okazało, że sposób, w jaki go żywiłam – bezcukrowo, naturalnie, bez dań w słoiku i tak dalej – nie był powszechny wśród innych mam. Postanowiłam więc stworzyć blog, na którym mogłabym dzielić się z innymi rodzicami przepisami na zdrowe dania i uświadamiać im, że to, czym karmią swoje pociechy, ma olbrzymi wpływ na ich zdrowie, dlatego warto zadbać o odpowiednie odżywianie dzieci od ich narodzin. Blog powstał i szybko zgromadził wokół siebie mnóstwo mam, a tym samym poniekąd „wykarmił" wiele dzieci.

Z czasem się zmienił, zaczęły pojawiać się na nim również przepisy dla dorosłych – w końcu dzieci szybko zaczynają jeść to, co mama i tata. Zrozumiałam, że aby jadły zdrowo, należy stworzyć rodzinne menu odpowiednie dla brzdąca, nastolatka i rodziców.

Zaczęło się od dzieci, musiał zatem pojawić się pomysł na tę książkę – z roślinnymi przepisami i dla dzieci, i dla dorosłych. Wszystko po to, aby zainspirować rodziców do zdrowego gotowania i pomóc im wzbogacić domowe menu o większą ilość warzyw.

Dlaczego dzieci nie jedzą warzyw?

Jednym z głównych zmartwień rodziców jest to, że ich dzieci nie chcą jeść warzyw. Zresztą panuje takie przekonanie, że dzieci ich nie lubią i kropka. Można to zauważyć chociażby w menu dla dzieci w restauracjach czy na przyjęciu urodzinowym – proponuje się im frytki, nuggetsy, naleśniki i słodkości. Powoli jednak zachodzą zmiany. Rodzice są coraz bardziej świadomi tego, że odpowiednia ilość warzyw w jadłospisie dziecka jest ważna dla zdrowia. Co nie znaczy, że nie pozostaje jeszcze bardzo dużo do zrobienia. Według niedawnego raportu 88 procent dzieci po pierwszym roku życia otrzymuje za mało warzyw w codziennej diecie (badanie *Kompleksowa ocena sposobu żywienia dzieci w wieku 13–36 miesięcy w Polsce* z 2016 roku, przeprowadzone przez Instytut Matki i Dziecka).

Dobra wiadomość jest taka, że są dzieci, które warzywa jedzą i bardzo je lubią. Są jednak i takie, które na sam ich widok robią kwaśną minę i nie ma mowy nawet o skosztowaniu. Dlaczego?

Brak wystarczającej ilości warzyw w codziennym menu i upodobania rodziców

Jedną z przyczyn mogą być zwyczaje domowe, a w zasadzie brak zwyczaju jedzenia warzyw w domu. Warzywa w menu pojawiają się sporadycznie, w małych ilościach, występują zwykle jako mały dodatek do dania głównego. Są przez to niezauważalne. Poza tym, gdy rodzice sami nie przepadają za warzywami, automatycznie nie przygotowują ich zbyt wiele, nie eksponują ich w jadłospisie, nie powinno więc dziwić, że dzieciom również one nie smakują.

Dzieci jedzą to, co dobrze znają, to, co pojawia się na ich talerzach regularnie. Jeśli zatem warzywa są tylko czasami, nie będą ich jadły z ochotą.

Brak czasu na oswojenie się z warzywami

Aby dziecko mogło polubić warzywa, musi je dobrze poznać, zaprzyjaźnić się z nimi. Do tego potrzebny jest czas i odpowiednia liczba spotkań z warzywami, podczas których dziecko dotknie ich, powącha, skosztuje. Każde dziecko jest inne i każde będzie się inaczej z nimi oswajać. Średnio potrzebuje to około dziesięciu ekspozycji na dane warzywo. Oznacza to, że są dzieci, które przekonają się do nowej potrawy już za pierwszym razem, ale są i takie, które będą potrzebowały 15–20 prób, a czasem więcej. Dlatego ważne jest, żeby nie rezygnować z podawania dziecku nowego warzywa, gdy odmówi jego zjedzenia za drugim czy piątym razem. Potrzebna jest cierpliwość i czas.

Presja, zmuszanie do jedzenia, negatywne emocje

Zmuszanie do jedzenia to najgorszy błąd, który popełniają rodzice. I jeden z najczęstszych. Przybiera ono różne formy – bardziej lub mniej subtelne. Czasami rodzice każą dziecku tak długo siedzieć przy stole, aż zje wszystko, czasami zachęcają: „No zjedz, do końca, mama tak się napracowała" albo mówią: „No spróbuj tylko trochę, najwyżej wyplujesz", „Zjedz jeszcze tylko jedną łyżeczkę". Każdy sposób zmuszania dziecka do jedzenia jest zły i nie przynosi pozytywnych skutków – wręcz przeciwnie. Dziecko, które jest zmuszane, może nie lubić jeść w ogóle, bo będzie kojarzyło tę czynność z czymś nieprzyjemnym i stresującym. Takie dziecko nie zechce nawet skosztować czegoś nowego: będzie się bało i łączyło próbowanie z negatywnymi emocjami. Zmuszanie może wywołać poczucie winy, strach, złość, a nawet ból. Dzieci, które nie są pod presją, których nie zmusza się do jedzenia, mają zdecydowanie lepszy apetyt i jedzą więcej warzyw.

Nastawienie rodziców – samospełniające się proroctwo

Kolejnym problemem jest negatywne nastawienie rodziców do dziecka, które nie chce jeść warzyw, a przecież powinno. Gdy dziecko ciągle słyszy, że jest „warzywnym niejadkiem" i że „nie je, nie lubi warzyw", w końcu zaczyna tak o sobie myśleć i zachowywać się w ten sposób. Nawet gdy rodzic tylko myśli tak o swoim dziecku, ale nie wypowiada tych przekonań na głos, tak czy inaczej zmienia swoje nastawienie i postępowanie. Na przykład zaczyna podawać coraz mniej warzyw (bo przecież dziecko i tak ich nie zje) i zastępować je produktami, które dziecko lubi najbardziej i których się domaga (bo przecież musi coś jeść). Okazuje się potem, że jadłospis dziecka jest monotonny, nie zawiera praktycznie warzyw albo składa się zaledwie z kilku, które dziecko akceptuje, jak choćby naleśniki z dżemem, zupa pomidorowa czy pierogi na słodko.

Za dużo cukru

Zbyt duża ilość cukru w diecie dziecka to bardzo częsty problem. Cukier jest wszechobecny. Dzieci jedzą dosładzane serki, jogurty, kaszki, słodycze, piją soki i inne napoje. Gdy słodki smak dominuje w diecie, wtedy dziecko ma ochotę wyłącznie na słodkie dania. Traci apetyt, mniej chętnie sięga po warzywa, które nie są słodkie.

Problemy zdrowotne

Przyczyną niejedzenia warzyw mogą być także problemy zdrowotne: zaburzenia związane z umiejętnością gryzienia i połykania, schorzenia układu trawiennego – refluks, nietolerancje pokarmowe lub inne, jak choćby selektywne zaburzenia odżywiania. W takich przypadkach należy skonsultować się ze specjalistą – pediatrą, dietetykiem, gastrologiem lub psychologiem. Taki specjalista zleci odpowiednie badania, leczenie i postępowanie.

Ważne, aby była to osoba kompetentna.

Różnice między rodzeństwem

Czasami może się zdarzyć, że jedno z naszych dzieci wcina warzywa, a drugie nie. Zastanawiamy się wtedy dlaczego. Skąd taka różnica? Oprócz oczywistej rzeczy, jaką są po prostu różnice indywidualne, warto zwrócić uwagę na to, czy dzieci były żywione tak samo. Bo może jednak nie? Jak wyglądała dieta mamy, gdy była w ciąży z jednym i z drugim dzieckiem? Może jedno chodziło do przedszkola, gdzie codzienne menu było słodsze i nie zawierało zbyt wielu warzyw? Albo jednym z dzieci opiekowała się babcia, która przygotowywała mu dania, które nie zawierały zbyt wielu warzyw, za to dużo frytek. Wszystko to może mieć wpływ na stosunek dzieci do warzyw.

Co zrobić, aby dziecko chętniej jadło warzywa?

Kultura i styl jedzenia

To, co jedzą nasze dzieci i jakie mają nawyki, w ogromnej mierze zależy od nas. Bardzo często przejmują nasz styl odżywiania.

Dzieci jedzą to, co dobrze znają. To my, rodzice, robimy zakupy i decydujemy o tym, co jest w lodówce czy w kuchennej szafce, a tym samym do jakiej żywności dostęp mają nasze dzieci. Rodzice kształtują nawyki żywieniowe.

Zdarza się też, że rodzice pozwalają decydować dziecku o tym, co zje na śniadanie, obiad czy kolację. Moim zdaniem to błąd. Posiłki powinni przygotowywać sami albo razem z dzieckiem. Nie może być tak, że na obiad jest zupa pomidorowa, ale dziecko domaga się rosołu i ten rosół dostaje. Jeśli dziecko ma ochotę na jakieś danie, można je przygotować w najbliższym czasie, komponując menu na kolejne dni, lecz nie w momencie, gdy już jest przygotowany konkretny posiłek. Dziecko go nie zje, bo wie, że za chwilę dostanie to, czego się domaga. Sami uczymy je takiego zachowania.

Jeśli chcemy, aby nasze dziecko odżywiało się zdrowo, nie tylko wtedy, gdy jest pod naszą opieką, ale również wtedy, kiedy będzie samodzielne i dorosłe, musimy postępować tak, aby polubiło warzywa i inne zdrowe jedzenie. Bo tylko wtedy, gdy jedzenie będzie dziecku smakowało i sprawiało przyjemność, jest szansa, że w życiu dorosłym również będzie sięgało po tego typu żywność.

Nauczenie dziecka dobrych nawyków leży w naszych rękach.

Od czego zacząć?

Najlepiej od siebie – zacznij zdrowo się dożywiać, zaprzyjaźnij się z warzywami, delektujcie się nimi. W końcu jest czym! To spowoduje, że automatycznie w waszej kuchni będzie więcej warzyw i staniecie się przykładem dla swoich dzieci. Naśladownictwo i modelowanie to najlepszy sposób nauki i wychowywania.

Zadbaj o warzywa w diecie dziecka od początku

O wiele łatwiej nauczyć małe dziecko zdrowych nawyków w momencie, gdy je dopiero nabywa, niż zmieniać już wyuczone, złe przyzwyczajenia. To zadanie wymaga zdecydowanie więcej pracy. Dlatego bardzo ważne jest, żeby oswajać dziecko z warzywami od samego początku, gdy tylko zaczyna się rozszerzanie jego diety. Dbaj zatem o to, aby warzywa w jadłospisie malucha pojawiały się codziennie. Podawaj mu różne warzywa do rączki, adekwatnie do jego wieku i umiejętności samodzielnego jedzenia.

Stwórz wspólne rodzinne menu

Zauważyłam, że w wielu domach nie ma jednego menu. Z powodu różnych diet, braku czasu i tak dalej dzieci jedzą co innego, a dorośli co innego. Często nie ma wspólnych posiłków. Rodzinne menu sprawi, że dzieci będą mogły obserwować innych domowników, jak jedzą dania warzywne, i ich naśladować. Możesz wprowadzić pewne rytuały – na przykład na śniadanie podawaj koktajl warzywno-owocowy, w środy na kolacje makaron z warzywnym sosem, a niedzielę uczyń dniem pizzy (oczywiście takiej z warzywami). Jeśli wspólne posiłki nie są możliwe w ciągu tygodnia, zadbaj o to, aby zdarzały się chociaż w weekend. A w dzień powszedni może uda się jednak zjeść razem chociaż śniadanie lub kolację?

Stwórz przyjazną, bezpieczną atmosferę

Bardzo ważna jest atmosfera podczas posiłków. Warto wyłączyć negatywne emocje. Nastawić się pozytywnie. Nie krzyczeć. Nawet wtedy, gdy dziecko zachowuje się nerwowo i płacze. Spróbuj zachować spokój. Mów łagodnie. Przytul je. Dziecko czuje, że się na nie złościsz, kiedy nie je. Rośnie w nim wtedy poczucie winy. Jedząc, zachęcaj dziecko do spróbowania, ale nie zmuszaj. Jeśli nie ma na coś ochoty, nie pytaj po raz enty, czy może jednak.

Wspólne zakupy i gotowanie

Dobrym pomysłem, który pozwoli dziecku poznać i oswoić się z warzywami, jest robienie wspólnie zakupów. Dziecko może wybierać warzywa, wsadzać je do koszyka czy torby, a potem z tych zakupionych warzyw fajnie razem przygotować posiłek. Dzieci chętniej jedzą to, co same przygotują. Gotowanie z dziećmi i przygotowanie warzywnych dań to nie tylko świetna zabawa i pomysł na wspólne spędzenie czasu, ale również zdobywanie nowych umiejętności, okazja do poznania warzyw, do ich dotykania, kosztowania, do próbowania nowych połączeń, sposobów przyrządzania i serwowania.

Edukuj i baw się

O warzywach można z dziećmi rozmawiać, czytać książki, można włączyć je do zabawy (zabawa w warzywniak; układanie z warzyw różnych jadalnych obrazów czy budowli), założyć ogródek na parapecie (hodować kiełki, rzeżuchę, szczypiorek czy natkę pietruszki). Dzięki temu dziecko zdobędzie wiedzę o warzywach, pozna je z innej perspektywy. Dowie się, jak wyglądają, gdzie rosną i o której porze roku, jak się je uprawia, pozna gatunki i odmiany warzyw. Z dziećmi można również rozmawiać o znaczeniu warzyw dla zdrowia. Trzeba tylko pamiętać o tym, żeby taka rozmowa była spokojna, dostosowana do wieku dziecka i odbywała się w odpowiednim momencie. Niekoniecznie podczas posiłków. Przy stole lepiej skupić się na walorach smakowych, kolorach, strukturze potraw, a na rozmowy o warzywach i zdrowiu znaleźć inny moment.

Jak przygotowywać warzywa, aby smakowały dzieciom?

- Podawaj dzieciom różne warzywa. Nie zakładaj z góry, że któreś na pewno mu nie zasmakuje. Wybór jest ogromy.

- Podawaj warzywa na surowo, upieczone i uduszone. Nie zapominaj o kiszonkach. Może okazać się, że twoje dziecko, które do tej pory nie przepadało za gotowanym kalafiorem, polubi go w formie upieczonej lub na surowo.

- Warto poeksperymentować ze sposobami przygotowywania warzyw. Można zrobić z nich makaron, pokroić w słupki albo plasterki, poukładać kolorami. To może zaciekawić maluchy.

- Dzieci zjedzą chętniej zupę krem, jeśli podasz ją z chrupiącymi grzankami z pieczywa razowego. Zamiast grzanek sprawdzą się krakersy z ziaren, czipsy warzywne czy po prostu lekko podprażone orzechy lub pestki (dyni albo słonecznika), a nawet domowy popcorn.

• Dzieci uwielbiają lody. Można zatem przygotować lody w domu, zrobić koktajl warzywno-owocowy i zamrozić go w specjalnych foremkach do lodów lub kubeczkach po jogurcie.

• Podawaj warzywa z owocami, robiąc koktajle, sałatki czy koreczki.

• Dzieci lubią naleśniki, więc do naleśnikowego ciasta dodaj upieczonego buraka, szpinak albo purée z dyni. Ciasto uzyska zaskakujący kolor oraz dodatkowe wartości odżywcze. Podobnie możesz postąpić, przygotowując ciasto na pierogi lub placuszki.

• Zrób kanapki z humusem lub inną pastą na bazie warzyw czy roślin strączkowych. Pozwól dzieciom dobrać do takich kanapek dodatki, niech same zdecydują, czy położyć na nie sałatę, rzodkiewkę, ogórka, pomidora albo kiełki.

• Podając dzieciom posiłki, warto zadbać o estetykę – przecież wszyscy jemy oczami, dzieci też. I nie chodzi o to, żeby na talerzu tworzyć jakieś skomplikowane kompozycje i uczyć się carvingu (rzeźbienia w warzywach i owocach) – ładnie podane, kolorowe dania na pewno bardziej wpadną w oko dziecku niż byle jak rzucone na talerz jedzenie. U nas na przykład jest taki zwyczaj, że gdy podaję ryż albo kaszę, zawsze robię z nich na talerzu babkę. I teraz dzieci same mówią: „Mamo, daj miseczkę, zrobię sobie babkę".

Jak wzbogacić rodzinne menu o więcej warzyw?

• Uczyń warzywa daniem głównym, zamiast traktować je jako dodatek. Zrób warzywny gulasz, kotlety z soczewicą i warzywami albo placki.

• Serwuj warzywa na śniadanie – koktajl warzywno-owocowy, owsiankę z dodatkiem warzyw czy pastę kanapkową.

• Do każdego obiadu przygotuj kilka sałatek lub surówek do wyboru. Postaw je na stole przed daniem głównym. Może wygłodniała rodzina rzuci się najpierw na nie!

• Pamiętaj o warzywach na drugie śniadanie. Wrzuć do śniadaniówki warzywne koreczki z pomidorków koktajlowych, kalarepy i ogórka.

• Gotuj zupy wielowarzywne. Jeśli twoje dzieci nie lubią pływających w zupie warzyw, przygotuj zupę krem. W towarzystwie grzanek, chrupiącej ciecierzycy albo krakersów zniknie w mgnieniu oka.

• Rób desery i słodkości z dodatkiem warzyw.

• Pamiętaj o warzywnych przekąskach – przygotowując przyjęcie, nie zapomnij o pokrojonych w słupki warzywach (papryce, ogórkach, kalarepie, selerze naciowym) i humusie. Bierz warzywne przekąski ze sobą, gdy wybieracie się w podróż lub idziecie na spacer.

ABC gotowania dla całej rodziny

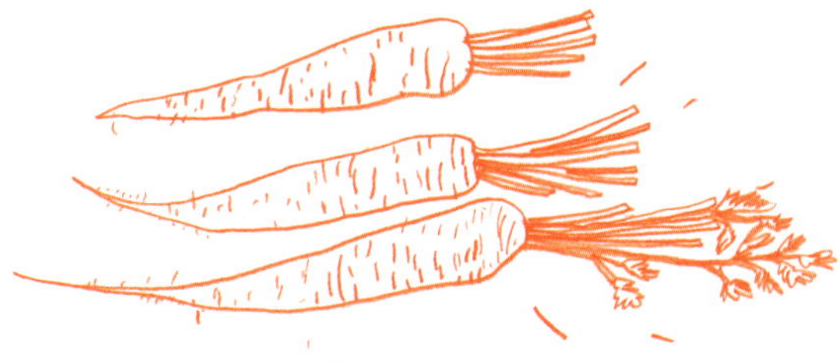

Gotując dla dzieci i całej rodziny, wybieraj składniki **świeże i dobrej jakości**.
Bazuj na produktach nieprzetworzonych: warzywach, owocach, pełnoziarnistych zbożach, roślinach strączkowych, orzechach i nasionach.

Kupuj **różnorodne warzywa i owoce** w różnych kolorach. Korzystaj przede wszystkim z tych sezonowych. Są tanie i smakują najlepiej.

Wybieraj **brązowy ryż, pełnoziarniste makarony** i **mąki**. Żeby jednak zanadto nie obciążać małego brzuszka, od czasu do czasu możesz podać dziecku danie z białym ryżem czy jasnym makaronem. Robiąc pierogi czy pizzę, możesz mieszać mąki jasne z pełnoziarnistymi.

Rozszerzając rodzinne menu o **rośliny strączkowe**, zacznij od soczewicy, która jest z nich najbardziej lekkostrawna i nie trzeba jej moczyć. Inne strączkowe wprowadzaj stopniowo, w małych ilościach i prawidłowo przygotuj, aby były lżej strawne – przed gotowaniem namocz je w wodzie przez 10–12 godzin w półprocentowym roztworze sody oczyszczonej, a następnie ugotuj

z dodatkiem liścia laurowego, majeranku, kolendry lub kminku w świeżej wodzie bez przykrywki, posól na końcu, gdy będą już miękkie.

Orzechy i nasiona to źródło zdrowych tłuszczów i białka. Wybieraj różne rodzaje – pestki dyni, słonecznika, sezam, mak, orzechy laskowe, migdały, pistacje. Nie zapomnij sięgać po siemię lniane i orzechy włoskie, będące źródłem kwasów omega-3, których często nam brakuje.

Staraj się dużo **nie solić** i zanadto **nie dosładzać** posiłków Jeśli chcesz dosłodzić jakieś danie, w pierwszej kolejności wybieraj świeże słodkie owoce, bakalie, sok owocowy, a potem inne słodzidła, na przykład syrop klonowy. Ważne, aby były to małe ilości i nie pojawiały się w menu codziennie.

Do gotowania i smażenia używaj **tłuszczu dobrej jakości**. A jaki tłuszcz jest najlepszy?

W obiegowej opinii panuje przekonanie, że do smażenia najlepsze są oleje o wysokim punkcie dymienia (jest to moment, w którym tłuszcz zaczyna się palić). Nie jest to jednak cała prawda, co potwierdzają badania naukowe.
Ważne, aby tłuszcz, który poddajemy obróbce termicznej, oprócz wysokiego punkt dymienia, charakteryzował się również wysoką stabilnością oksydacyjną (świadczącą o tym, w jakim stopniu tłuszcz jest odporny na reakcje z tlenem w podwyższonej temperaturze, które prowadzą do powstawania w nim szkodliwych, toksycznych związków) oraz niską zawartością tłuszczów typu trans i szkodliwych związków polarnych, które powstają w nim podczas silnego podgrzewania.
Istnieją oleje o wysokim punkcie dymienia, ale jednocześnie z niską stabilnością oksydacyjną i zawierające sporą ilość tłuszczów

trans i związków polarnych. Nie można zatem bezpiecznie na nich smażyć. Chodzi na przykład o olej palmowy czy z pestek winogron.

Jak pokazują badania najlepszym tłuszczem do smażenia jest oliwa, w tym **oliwa extra vergine**. Punkt dymienia oliwy extra vergine wynosi od 180 do 207°C. Jest on tym wyższy, im oliwa zawiera mniej zanieczyszczeń i im posiada niższą kwasowość. Dzięki zawartości jednonienasyconych kwasów tłuszczowych, polifenoli i witaminy E jest tłuszczem o wysokiej stabilności oksydacyjnej i wypada lepiej niż niejeden olej rafinowany. W wyniku podgrzania oliwy nie powstaje też znacząca ilość tłuszczów trans i związków polarnych.

Innym tłuszczem dobrym do smażenia jest **olej kokosowy**, choć zasadniczo nie jest on zdrowym olejem (składa się z kwasów nasyconych, które w najwyższym stopniu podwyższają poziom cholesterolu we krwi).

Ogólnie ze zdrowotnego punktu widzenia **należy smażyć rzadko i krótko**, unikać smażenia w głębokim tłuszczu i z dodatkiem dużej jego ilości oraz smażenia w bardzo wysokich temperaturach (zalecane jest smażenie w 180°C).
Im wyższa temperatura, tym w tłuszczach zachodzi więcej niekorzystnych dla zdrowia przemian. Aby obniżyć temperaturę smażenia, można smażyć z dodatkiem niewielkiej ilości wody i tworząc w ten sposób emulsję.

Tłuszcz to ważny składnik zdrowej diety, najlepiej dostarczać go w formie nieprzetworzonej: w postaci orzechów, nasion albo awokado. Oleje – nawet te nierafinowane – to wyizolowany tłuszcz i należy stosować je w niewielkich ilościach.

Dziwne składniki

W niektórych przepisach występują składniki, z którymi mogliście się nie spotkać. Stworzyłam zatem ich listę z krótkimi opisami i informacją, gdzie można je kupić.

TOFU – to taki roślinny twarożek, wytwarzany z mleka sojowego. Jest bogate w białko i wapń. I ostatnimi czasy można je znaleźć w niemal każdym sklepie.

SOS SOJOWY – zastępuje sól i dodaje smaku umami. Kupując go, wybieraj tylko taki dobrej jakości, bez glutaminianu sodu, cukru i octu. Dobrym wyborem będzie sos tamari lub shoyu. Szeroki ich wybór jest w każdym supermarkecie.

OCET RYŻOWY – przyprawa do dań kuchni azjatyckiej, dostępny w sklepach z żywnością orientalną oraz w większości supermarketów (w dziale kuchni świata).

PAPIER RYŻOWY – składnik sajgonek lub spring rollsów, dostępny w sklepach z żywnością orientalną oraz w większości supermarketów (w dziale kuchni świata).

NORI – sprasowane algi, składnik sushi. Źródło białka i witaminy A, B1 i niacyny. Dostępne w sklepach z żywnością orientalną oraz w większości supermarketów (w dziale kuchni świata).

AGAR – roślinna substancja żelująca zastępująca żelatynę, powstaje z alg morskich, jest dostępna w sklepach ze zdrową żywnością oraz w większości supermarketów.

TAHINI – pasta z nasion sezamu, dostępna w sklepach ze zdrową żywnością lub w sklepach z żywnością orientalną, ale da się ją znaleźć także w supermarketach. Można kupić tahini jasne, które jest delikatniejsze, i ciemnie – o bardziej wyrazistym smaku.

ŁUSKI Z BABKI PŁESZNIK – jest to błonnik, którym można w niektórych przepisach zastąpić jajko. Jest dostępny w sklepach zielarskich lub ze zdrową żywnością.

NIEAKTYWNE PŁATKI DROŻDŻOWE – to przyprawa, która dodaje potrawom serowego posmaku. To źródło witamin z grupy B i białka. Najlepiej kupić płatki czyste, bez żadnych dodatków. Są dostępne w sklepach ze zdrową żywnością.

Miary

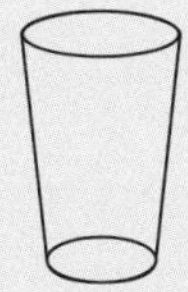

1 szklanka = 250 ml

1 łyżka = 15 ml

1 łyżeczka = 5 ml

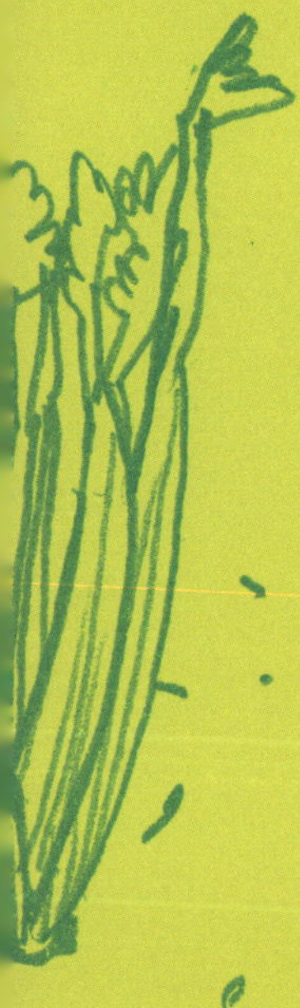

PIECZONA PAPRYKA

•

PIECZONY KALAFIOR

•

PIECZONY BURAK

•

PIECZONY BATAT

•

PURÉE Z DYNI

•

KASZA JAGLANA

•

KASZA BULGUR

•

PRAŻONE ORZECHY LASKOWE

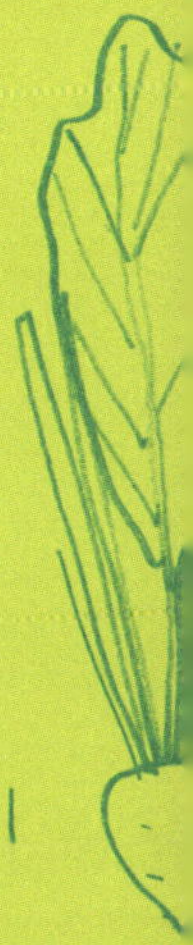

1

Przepisy podstawowe

**Zgromadziłam tu przepisy,
do których
często się odwołuję.**

Pieczona papryka

1. Rozgrzać piekarnik do 180°C.

2. Papryki przekroić wzdłuż i usunąć gniazda nasienne.

3. Połówki położyć skórką do góry na blaszce wyłożonej pergaminem i piec w piekarniku do momentu, aż skórka zacznie brązowieć i odchodzić, a papryki zrobią się miękkie. Zazwyczaj zajmuje to około pół godziny.

4. Wystudzić i zdjąć skórkę (będzie to łatwiejsze, jeśli jeszcze ciepłe papryki włoży się do worka strunowego lub garnka z przykrywką i odczeka 10 minut).

Pieczony kalafior

1. Rozgrzać piekarnik do 200°C.

2. Kalafior podzielić na różyczki, wsypać do miski, posolić, wlać 2 łyżki oliwy i zamieszać dłonią.

3. Ułożyć na wyłożonej pergaminem blasze piekarnika. Piec 20 minut.

Pieczony burak

1. Rozgrzać piekarnik do 200°C.

2. Buraka umyć, wysuszyć i ułożyć bez zawijania w folię aluminiową w naczyniu żaroodpornym z pokrywką.

3. Włożyć do piekarnika i piec około 1–2 godzin (czas pieczenia zależy od wielkości buraków). Burak jest gotowy, gdy z łatwością można wbić w niego widelec lub nóż.

4. Wystudzić i zdjąć skórkę. Można przechowywać w lodówce w zamkniętym pojemniku przez około 4 dni.

Pieczony batat

1. Rozgrzać piekarnik do 200°C.

2. Dużego batata obrać i pokroić w plastry grubości 1–2 centymetrów, włożyć do miski, wlać 1 łyżkę oliwy, dodać szczyptę soli, wymieszać dłonią.

3. Poukładać na blasze wyłożonej pergaminem i piec do momentu, aż plastry będą miękkie (około 30 minut). Wystudzić.

4. Upieczone bataty można przechowywać w zamkniętym pojemniku w lodówce przez 2–3 dni.

Purée z dyni

1. Rozgrzać piekarnik do 180°C.

2. Dowolną dynię (piżmową, hokkaido lub muscat) umyć, osuszyć i pokroić w ćwiartki lub ósemki, położyć na blachę wyłożoną pergaminem. Piec w piekarniku, aż będzie miękka – zazwyczaj około pół godziny.

3. Potem dynię wystudzić, usunąć pestki i skórkę (przy dyni hokkaido skórki nie trzeba się pozbywać). Miąższ zmiksować na gładko.

4. Gotowe purée przechowywać w słoiku w lodówce przez kilka dni. Można je również zamrozić

Kasza jaglana

Kaszę najlepiej gotować w proporcji 1:2½ (1 porcja kaszy na 2½ porcji wody). Jeśli potrzeba nam mniej, na przykład ⅓ szklanki kaszy, można ugotować ją w proporcji 1:3.
Jeśli chcesz ugotować kaszę na sypko, zmień proporcję na 1:2. Kasza na sypko idealnie sprawdzi się w przepisie śniadaniowym na jaglaną z kalafiorem i papryką (s. 81).

1. Pół szklanki kaszy przepłukać na sitku pod bieżącą wodą, a potem przelać wrzątkiem. Przesypać do rondelka i zalać 1¼ szklanki gorącej wody. Dodać szczyptę soli.

2. Gotować pod przykryciem na wolnym ogniu, aż kasza wchłonie wodę, czyli około 15 minut (nie mieszać).

3. Zdjąć z ognia i nie zdejmując pokrywki odstawić na 10 minut.

4. Ugotowaną kaszę można trzymać w lodówce w zamkniętym pojemniku około 2 dni.

Z ⅓ szklanki suchej kaszy wychodzi 1 szklanka ugotowanej.
Z ½ szklanki suchej kaszy wychodzi około 2 pełnych po brzeg szklanek ugotowanej.

Kasza bulgur

Z ½ szklanki suchej gruboziarnistej kaszy bulgur wychodzi około 2 szklanek ugotowanej.

1. ½ szklanki kaszy przepłukać na sitku pod bieżącą wodą. Następnie wsypać ją do rondelka i zalać 1 szklanką wrzątku.

2. Gotować pod przykryciem na wolnym ogniu, aż kasza wchłonie wodę. Nie mieszać.

3. Zdjąć z ognia i odstawić pod przykryciem na 5 minut.

4. Można przechowywać ją w lodowce około 2 dni.

Drobnoziarnistej kaszy bulgur nie trzeba gotować. Wystarczy ½ szklanki suchej zalać 3/4 szklanki wrzątku i odstawić na około 20 minut, aż wchłonie cały płyn.

Prażone orzechy laskowe

1. Rozgrzać piekarnik do 175°C.

2. Orzechy wysypać na blachę wyłożoną pergaminem (mają tworzyć luźną warstwę), wstawić do piekarnika i piec około 10–15 minut, aż zaczną intensywnie pachnieć, a skórki popękają.

3. Przestudzone orzechy przełożyć na ściereczkę i stworzyć tobołek.

4. Pocierać je przez szmatkę, pozbywając się w ten sposób skórek.

5. Obrane i uprażone orzechy laskowe przechowywać w szczelnym pojemniku.

KECZUP POMIDOROWO-ŚLIWKOWY

CZIPSY Z JARMUŻU

FRYTKI Z MARCHEWKI

PROSTY SOS POMIDOROWY

SOS POMIDOROWO-PAPRYKOWY

SOS PIECZENIOWY

SOS CURRY

PURÉE Z KALAFIORA

KRAKERSY Z ZIAREN Z MARCHEWKĄ

POSYPKA ORZECHOWO-PIETRUSZKOWA

MAKARON Z CUKINII

KORECZKI Z WARZYW

2

Dodatki i przekąski

**Proste dodatki,
które dopełniają dania główne,
tworząc spójną i smakowitą całość.**

Keczup pomidorowo-śliwkowy

Keczup w rodzinnym menu musi być, prawda? Proponuję przygotować domowy, na przykład taki – pomidorowo-śliwkowy z korzenną nutą. Idealnie komponuje się z domowymi frytkami.

Składniki

2 duże cebule

2 duże ząbki czosnku

½ szklanki startego selera korzeniowego

2 kg dojrzałych mięsistych pomidorów (np. lima)

1 kg dojrzałych śliwek węgierek

2½ łyżeczki soli

4 ziarenka ziela angielskiego

2 liście laurowe

5 goździków

1 laska cynamonu

1 łyżeczka suszonego tymianku

½ łyżeczki suszonego imbiru

4–5 łyżek octu jabłkowego lub winogronowego

4–6 małych suszonych daktyli

2 łyżki oliwy extra vergine

Przygotowanie

1. Do dużego garnka wlać 2 łyżki oliwy, dodać obraną i posiekaną cebulę oraz czosnek, podsmażyć na złoty kolor. Następnie dodać starty na dużych oczkach seler.

2. Pomidory pozbawić zielonych części po szypułkach i pokroić w ćwiartki, wrzucić do garnka.

3. Śliwki pozbawić pestek, pokroić w ćwiartki i razem z daktylami dodać do garnka z pomidorami. Gotować na wolnym ogniu bez przykrywki około 1½ godziny, często mieszając i uważając, aby nic się nie przypaliło.

4. W międzyczasie na suchej patelni chwilę podprażyć goździki, ziele angielskie i liście laurowe. Gdy zaczną intensywnie pachnieć, ściągnąć patelnię z ognia, a przyprawy zmielić w młynku lub rozetrzeć w moździerzu.

5. Rozgotowane pomidory ze śliwkami zmiksować na gładko blenderem i przetrzeć przez sito.

6. Dodać wszystkie przyprawy i ocet. Gotować na wolnym ogniu jeszcze 20–30 minut (do uzyskania gęstej konsystencji). Na koniec doprawić do smaku solą.

7. Napełnić słoiki keczupem, mocno zakręcić i włożyć do zimnego piekarnika. Ustawić w nim temperaturę na 130°C. Od momentu osiągnięcia przez piekarnik wymaganej temperatury – keczup należy pasteryzować przez 30 minut. Wyłączyć piekarnik, a słoiki pozostawić w środku do ostygnięcia.

Czipsy z jarmużu

Czipsy warzywne to atrakcyjny sposób na podanie warzyw. Można jeść je jako przekąskę lub stosować jako dodatek do innych dań, na przykład do zup.

Składniki

3 duże liście jarmużu

1 łyżka oliwy extra vergine

sól

Przygotowanie

1. Jarmuż pozbawić twardych włókien i pokroić na mniejsze części. Włożyć do miski, wlać oliwę, posolić i wszystko dokładnie wymieszać dłonią. Tak przygotowany jarmuż rozłożyć na blasze wyłożonej pergaminem.

2. Piec w piekarniku z termoobiegiem w temperaturze 100–120°C, aż jarmuż będzie chrupiący – zazwyczaj około 10 minut.

Wskazówki

W podobny sposób można przygotować czipsy z innych warzyw, na przykład z liści brukselki, kapusty włoskiej, buraków, marchewki, kalarepy albo batatów. Każde warzywo będzie miało nieco inny czas pieczenia.
Oprócz soli warzywa można przyprawić wędzoną papryką albo tymiankiem.

Frytki z marchewki

Frytki z ziemniaków to coś, co dzieci strasznie lubią, tyle że nie są one zbyt zdrowe, zwłaszcza te smażone na głębokim tłuszczu. Można zamienić je na frytki domowe, pieczone w piekarniku. A zamiast zwykłych ziemniaków można użyć innych warzyw – nie tylko marchewki.

Składniki

4 duże marchewki

1–2 łyżki oliwy extra vergine

½ łyżeczki tymianku

sól

Przygotowanie

1. Marchewki obrać i pokroić w słupki. Włożyć do miski, wlać oliwę, wsypać tymianek i szczyptę soli. Wymieszać dłońmi.

2. Wsypać na blachę przykrytą pergaminem i piec około 40–45 minut w piekarniku rozgrzanym do 180°C.

3. Podawać z domowym keczupem (przepis na s. 47).

Wskazówki

W podobny sposób można przygotować frytki z innych warzyw – z pietruszki, selera czy batatów. Każde warzywo będzie miało nieco inny czas pieczenia.

Prosty sos pomidorowy

Najlepszy sos pomidorowy do makaronu robi Kacprowy i Karolkowy tata. Jest banalnie prosty w przygotowaniu, a sekret tkwi w odpowiednich proporcjach między poszczególnymi składnikami. Oczywiście tata zawsze robi go na oko, kosztuje, doprawia i wychodzi idealny. Podpytałam o konkretne ilości i proszę bardzo: oto przepis.

Składniki

3 duże ząbki czosnku

2 szklanki przecieru pomidorowego (passaty)

2 łyżki oliwy extra vergine

1 łyżka syropu klonowego lub daktylowego

sól

Przygotowanie

1. Na patelnię wlać oliwę i dodać posiekany czosnek, podsmażać do momentu, aż czosnek puści aromat. Następnie dodać przecier pomidorowy, wymieszać i zagotować.

2. Na koniec sos doprawić do smaku solą i syropem klonowym. Dusić na małym ogniu jeszcze około 5 minut.

Wskazówki

Jeśli wasze dzieci nie lubią drobnych kawałeczków czosnku w sosie, można go zmiksować blenderem.
Sos świetnie się sprawdzi również do pizzy albo makaronu.

Sos pomidorowo-paprykowy

Kolejny bardzo prosty sos, który można dodać do makaronu, pulpetów czy gołąbków. Tym razem pomidory w duecie z papryką – pyszne połączenie z dużą ilością witaminy C i likopenu.

Składniki

1 cebula

½ dużej czerwonej papryki

2–3 łyżki musu z jabłek

1½ szklanki przecieru pomidorowego (passaty)

sól

2 łyżki oliwy extra vergine

Przygotowanie

1. Na patelnię wlać oliwę i dodać pokrojoną w kostkę cebulę, zeszklić.

2. Dodać pokrojoną w kostkę paprykę i smażyć do momentu, aż będzie miękka.

3. Potem dodać przecier pomidorowy, wymieszać i podsmażać około 10 minut. Na koniec doprawić do smaku solą i musem jabłkowym, który ma zrównoważyć kwaśny smak pomidorów.

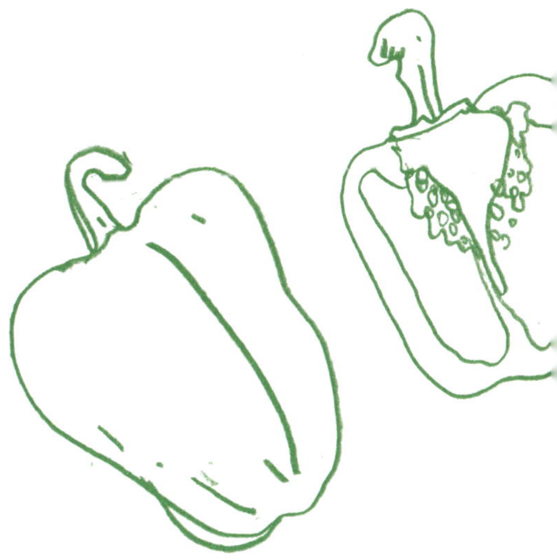

Sos pieczeniowy

Składniki

2 cebule

3 ząbki czosnku

80 g selera korzeniowego

1 mała marchewka

1 duża pieczarka

2 duże liście laurowe

4 ziarenka ziela angielskiego

1 suszony grzyb (na przykład podgrzybek)

½ łyżeczki suszonego tymianku

1 łyżeczka syropu klonowego

2 łyżki sosu sojowego

2–3 łyżki przecieru pomidorowego (passaty)

1 litr bulionu warzywnego

¼ łyżeczki mielonego kminku

½ szklanki ugotowanej kaszy jaglanej (przepis na s. 41)

1–2 łyżki soku wyciśniętego z cytryny

sól i pieprz

oliwa extra vergine

Tradycyjny sos pieczeniowy, choć przepyszny, jest w zasadzie bezwartościowy. Zawiera tylko mięsny wywar, tłuszcz i mąkę. Zdrowszą alternatywą może być sos pieczeniowy na bazie warzyw. Jest znakomity, pełen aromatu i smaku.

Przygotowanie

1. Cebulę i czosnek obrać, drobno posiekać i wrzucić do garnka z 2 łyżkami oliwy. Podsmażyć. Następnie dodać pokrojoną w kostkę marchew, seler i pieczarki oraz liście laurowe, ziele angielskie, suszony grzyb, tymianek i kminek. Podsmażyć warzywa na złoty kolor.

2. Dodać przecier pomidorowy, syrop klonowy i sos sojowy, wymieszać i smażyć jeszcze 5 minut.

3. Zalać całość bulionem i gotować na średnim ogniu około 15 minut. Po tym czasie przecedzić zawartość garnka przez sito, porządnie odciskając warzywa. Do wywaru dodać kaszę jaglaną i zmiksować na gładki, aksamitny sos. Sos należy postawić z powrotem na ogień i zagotować.

4. Na koniec sos przyprawić solą, pieprzem i sokiem z cytryny.

Wskazówka

Można też nie przecedzać warzyw przez sito, ale po prostu całość zmiksować. Wtedy dodatek kaszy jaglanej nie będzie już konieczny.

Sos curry

Prosty i pyszny sos, który sprawdzi się jako dodatek do warzyw na parze, pieczonych czy jako dressing do sałatki.

Składniki

1 ząbek czosnku

½–1 łyżeczka startego świeżego imbiru

1 szklanka mleczka kokosowego

2 łyżeczki przyprawy curry

1 łyżeczka syropu klonowego

1 łyżka soku z cytryny

2–3 łyżeczki mąki z ciecierzycy + 3 łyżki wody

1 łyżeczka oleju kokosowego tłoczonego na zimno

sól

Przygotowanie

1. Na 1 łyżeczce oleju kokosowego podsmażyć drobno posiekany czosnek i imbir. Gdy puszczą aromat, wlać mleczko kokosowe i wsypać przyprawę curry, wymieszać.

2. Następnie dodać roztrzepaną w wodzie mąkę z ciecierzycy i wymieszać.

3. Sos doprowadzić do wrzenia. Mieszać od czasu do czasu i gotować, aż nieco zgęstnieje.

4. Na koniec dodać syrop klonowy i posolić do smaku.

5. Podawać z warzywami albo pulpetami.

Purée z kalafiora

Wspaniałe kalafiorowe purée z lekkim aromatem czosnku i rozmarynu. Doskonały zamiennik tłuczonych ziemniaków.

Składniki

1 średni kalafior

3–4 ząbki czosnku

5 igiełek świeżego rozmarynu

oliwa extra vergine

sok z cytryny

sól

Przygotowanie

1. Kalafior ugotować do miękkości na parze lub w małej ilości wody.

2. W międzyczasie czosnek obrać, posiekać i podsmażyć na 2 łyżkach oliwy wraz z rozmarynem (musi lekko się przyrumienić i pachnieć).

3. Ugotowany kalafior odcedzić, dodać do niego podsmażony czosnek wraz z oliwą, na której się smażył (bez igiełek rozmarynu), i zmiksować na purée. Do smaku doprawić solą.

Krakersy z ziaren z marchewką

Znakomite chrupiące krakersy, które idealnie pasują jako dodatek do zup albo samodzielna przekąska. Pyszne z humusem lub inną dowolną pastą.

Przygotowanie

1. W jednej misce wymieszać suche składniki. W drugiej – składniki płynne.

2. Płynne przelać do suchych, wymieszać, dodać marchewkę i jeszcze raz wymieszać, tym razem używając dłoni.

3. Odstawić na 5 minut, a następnie tak przygotowane ciasto przełożyć na dużą blachę wyłożoną pergaminem i rozwałkować (wałkiem owiniętym w folię), tak aby powstał duży, cienki (2–3-milimetrowy) placek.

4. Blachę wstawić do lodówki na minimum 2 godziny.

5. Po tym czasie blachę wyjąć, ciasto pokroić w prostokątne lub kwadratowe kawałki.

6. Wstawić do piekarnika nagrzanego do 180°C. Piec około 20–25 minut, aż wierzch krakersów się zarumieni, po czym odwrócić je na drugą stronę i piec jeszcze 10–15 minut, aż będą złociste i chrupiące.

Składniki

1½ szklanki zwykłych płatków owsianych

1 szklanka pestek dyni (lekko posiekanych)

½ szklanki siemienia lnianego

⅓ szklanki jasnego sezamu

⅓ szklanki nasion słonecznika

2 łyżki łusek babki płesznik

2 łyżki maku

1½ łyżeczki soli

3 łyżki oliwy extra vergine

1 łyżka syropu klonowego

1½ szklanki wody

1 szklanka marchewki startej na drobnych oczkach (1 marchewka)

Wskazówki

Krakersy można przechowywać w szczelnym pojemniku około 3 tygodni.

Posypka orzechowo-pietruszkowa

Banalnie prosta mieszanka, którą można posypywać zupy, kanapki i inne dania. Natkę pietruszki można w części lub całości zamienić na koperek, a orzechy na dowolne pestki, choćby dyni.

Przygotowanie

1. Orzechy posiekać i lekko podprażyć na suchej patelni.
2. Wszystkie składniki włożyć do miski i wymieszać.

Wskazówki

Do mieszanki można dodać także skórkę otartą z cytryny i posiekany ząbek czosnku. Powstanie gramolata, która świetnie komponuje się z grillowanymi szparagami, kremem z brukselki czy pieczonymi batatami.

Składniki

5 łyżek posiekanej natki pietruszki

3–4 łyżki dowolnych orzechów (włoskie, laskowe, migdały, pistacje)

szczypta soli

Makaron z cukinii

U nas w domu to hit. Dzieciaki cukiniowy makaron przyjęły z wielkim entuzjazmem. Szczególnie moja córka Karolcia, która często się o niego upomina.

Składniki

1 cukinia (około 20 cm)

1 duży ząbek czosnku

1–2 łyżki oliwy extra vergine

szczypta soli

Przygotowanie

1. Przy użyciu spiralizera lub obieraczki do warzyw zrobić z cukinii makaron. Na patelnię wlać oliwę i drobno posiekany czosnek. Smażyć do momentu, aż czosnek puści aromat.

2. Dodać makaron z cukinii, szczyptę soli i wymieszać.

3. Smażyć nie dłużej niż 3–5 minut.

Wskazówki

W podobny sposób można przygotować makaron z innych warzyw na przykład z marchewki, batata, dyni albo selera. W zależności od warzywa, będzie różny czas smażenia.
Makaron można również ugotować na parze albo zjeść na surowo.

Koreczki z warzyw

Banalnie proste kolorowe koreczki warzywne, które można przygotować wspólnie z dziećmi. Koreczki można wziąć do szkoły na drugie śniadanie, na piknik lub na wycieczkę. Świetnie sprawdzą się też na przyjęciu.

Przygotowanie

1. Awokado obrać i pokroić w kostkę.

2. Na wykałaczki nadziewać w dowolnej kolejności oliwki, pomidorki i awokado.

3. Między nie włożyć listki bazylii.

Wskazówki

Takie koreczki można przygotować również z innych warzyw albo warzyw i owoców.
Nasze inne ulubione połączenia to:

awokado + ogórek + rzodkiewka
awokado + truskawka + bazylia
papryka + kalarepa + sałata

Składniki

10–15 czarnych oliwek

10–15 pomidorków koktajlowych (żółtych i czerwonych)

1 dojrzałe awokado

20 listków świeżej bazylii

wykałaczki

PLACKI OWSIANO-BANANOWE ZE SZPINAKIEM

•

ŚNIADANIOWY KOKTAJL Z OWOCAMI JAGODOWYMI I ZIELENINĄ

•

SOCCA / FARINATA Z CUKINIĄ I POMIDORAMI

•

RÓŻOWA OWSIANKA Z PIECZONYM BURAKIEM I MALINAMI

•

KASZA JAGLANA Z KALAFIOREM I PAPRYKĄ

•

POLENTA CYTRYNOWA Z CUKINIĄ I JABŁKIEM

•

ZIELONE SMOOTHIE BOWL Z KASZĄ BULGUR I OWOCAMI

•

WARZYWNO-OWOCOWY TALERZ ZDROWIA

•

PLACKI GRYCZANO-OWSIANE Z DYNIĄ I JABŁKIEM

•

KAROTKOWA OWSIANKA

•

KOKTAJL Z BATATA, BANANA I POMARAŃCZY

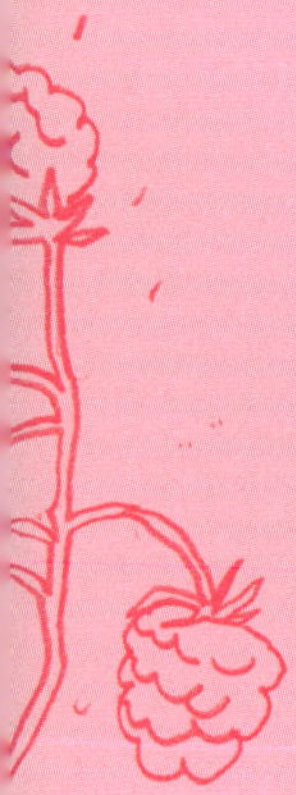

3

Śniadania

Na śniadanie zazwyczaj warzyw nie je się w ogóle lub bardzo mało. Najwyższy czas to zmienić!

Placki owsiano-bananowe ze szpinakiem

(około 10 sztuk)

To jedno z ulubionych śniadań moich dzieci. Gdy zrobiłam je po raz pierwszy, zdziwiły się ich kolorem i zapytały, dlaczego są zielone. Zgodnie z prawdą odparłam, że to za sprawą szpinaku, który jest w środku. Ta wiadomość zupełnie ich nie zniechęciła i placki zniknęły w mgnieniu oka.

Przygotowanie

1. Wszystkie składniki włożyć do blendera z ostrzem S i zmiksować na jednolite, gładkie ciasto.

2. Na dobrze rozgrzanej patelni z odrobiną tłuszczu usmażyć małe placuszki.

3. Podawać z sałatką owocową lub musem owocowym.

Wskazówki

Ciasto na placuszki można zmiksować również blenderem ręcznym, tak zwaną żyrafą.
Szpinak można zamienić na jarmuż.

Składniki

1 szklanka luźno upchniętego szpinaku

2 dojrzałe banany (200 g bez skórki)

1 szklanka mąki owsianej

½ łyżeczki mielonego kardamonu

½ łyżeczki pasty z wanilii lub kilka kropel ekstraktu waniliowego (opcjonalnie)

½ łyżeczki sody oczyszczonej lub proszku do pieczenia bez fosforanów

2 łyżki soku z cytryny

½ szklanki mleka roślinnego

olej do smażenia

Śniadaniowy koktajl z owocami jagodowymi i zieleniną

(3–4 porcje)

Taki koktajl przygotowuje się w pięć minut, jest więc idealny na szybkie śniadanie dla całej rodziny, zwłaszcza w tygodniu, gdy nie ma czasu na leniwe poranki i czasochłonne śniadania. U nas w domu pojawia się bardzo często.

Składniki

1 szklanka posiekanego jarmużu

1 szklanka mrożonych lub świeżych jeżyn, jagód lub borówek

½ szklanki mrożonych lub świeżych truskawek (albo malin)

2 dojrzałe banany

2 łyżki soku z cytryny

½ szklanki mleka roślinnego lub wody

Przygotowanie

Wszystkie składniki włożyć do blendera kielichowego i zmiksować na gładki koktajl. W razie potrzeby dodać więcej mleka lub wody.

Wskazówki

Koktajl z dodatkiem orzechów lub nasion (na przykład migdałów, orzechów włoskich, pestek dyni, słonecznika albo wiórków kokosowych) uczyni go bardziej sycącym i odżywczym, a także podkręci jego walory smakowe.

(2–3 porcje)

Socca / farinata z cukinią i pomidorami

Socca / farinata to włoski placek z mąki z ciecierzycy. Z dodatkiem różnych warzyw może stanowić pyszne, wytrawne śniadanie. Można go jeść na ciepło i na zimno. Znakomicie komponuje się z guacamole lub pastą z jarmużu i awokado.

Składniki

1 szklanka mąki z ciecierzycy

¾ szklanki wody

2 łyżki oliwy extra vergine

10–15 pomidorków koktajlowych

½ szklanki cukinii startej na dużych oczkach

1 łyżeczka suszonego oregano

½ łyżeczki suszonego tymianku

1 łyżeczka suszonego czosnku

½ łyżeczki suszonej cebuli

1 łyżeczka nieaktywnych płatków drożdżowych

sól

Dodatki

garść rukoli

guacamole albo pasta z jarmużu i awokado

Przygotowanie

1. Mąkę z ciecierzycy przesiać i wymieszać z wodą i oliwą, odstawić na przynajmniej godzinę lub jeśli jest możliwość – na całą noc, aby ciasto zgęstniało i dojrzało. Ciasto powinno mieć konsystencję nieco gęstszą niż ciasto naleśnikowe.

2. Do piekarnika włożyć okrągłą formę o średnicy 20–21 centymetrów i nagrzać piekarnik do 230°C.

3. Odstane ciasto wymieszać z wszystkimi przyprawami i cukinią.

4. Z piekarnika wyjąć formę, delikatnie natłuścić i wlać do niej ciasto.

5. Na całej jego powierzchni ułożyć pokrojone w ćwiartki pomidorki i lekko je docisnąć. Formę włożyć do piekarnika, piec około 20–25 minut, aż socca się zetnie i przyrumieni.

6. Wyjąć ją z piekarnika, odstawić na kilka minut, a następnie pokroić w trójkąty i podawać od razu ze świeżą rukolą i guacamole.

Wskazówki

Soccę można przygotować z samymi przyprawami, bez cukinii i pomidorków. Może ona stanowić również alternatywę dla tradycyjnego pieczywa.

Różowa owsianka z pieczonym burakiem i malinami

(4 porcje)

Już sam kolor tej owsianki zachęca, żeby jej skosztować. Słodki pieczony burak w towarzystwie malin, banana i pomarańczy to strzał w dziesiątkę. Jeśli masz ochotę na nieco szaleństwa, możesz zamienić maliny na truskawki lub wiśnie – smak będzie nieco inny, ale równie wspaniały.

Przygotowanie

1. Upiec buraka (przepis na s. 38).

2. Płatki zalać szklanką wody i mleczkiem kokosowym i gotować na małym ogniu do momentu, aż powstanie gęsta owsianka. Na koniec dodać przyprawy i skórkę z pomarańczy. Zdjąć z ognia i odstawić.

3. W międzyczasie w blenderze zmiksować buraka, owoce, daktyle (jeśli użyjecie suszonych, należy je wcześniej namoczyć, aby zmiękły) wlać do gorącej owsianki i wymieszać.

4. Przelać do miseczek, a wierzch posypać orzechami.

Składniki

1 szklanka zwykłych płatków owsianych

½ szklanki mleczka kokosowego

skórka otarta z małej pomarańczy

¼ łyżeczki mielonego cynamonu

¼ łyżeczki mielonego kardamonu

½ łyżeczki mielonej wanilii

1 mały burak

1 dojrzały banan

1 mała pomarańcza lub pół średniej

1 szklanka świeżych lub mrożonych malin

3–4 świeże lub suszone daktyle

posiekane migdały, pistacje lub inne orzechy

(2–3 porcje)

Kasza jaglana z kalafiorem i papryką

Kasza jaglana dobrze smakuje nie tylko na słodko, lecz także w wersji wytrawnej z dodatkiem warzyw. My bardzo polubiliśmy ją z kalafiorem i papryką. Danie to można śmiało przygotować z resztek – gdy w lodówce wałęsa się kawałek kalafiora z wczorajszego obiadu i garstka kaszy ze śniadania.

Składniki

1 cebula

½ dużej czerwonej papryki

300 g kalafiora

½ szklanki ugotowanej kaszy jaglanej (przepis na s. 41)

½ łyżeczki ziół prowansalskich

sól

pieprz

oliwa extra vergine

Przygotowanie

1. Kalafior ugotować w osolonej wodzie.

2. Na oliwie podsmażyć posiekaną w drobną kostkę cebulę, dodać pokrojoną w drobną kostkę paprykę i smażyć, aż warzywa zmiękną i ładnie się przyrumienią. Następnie dodać do nich kaszę jaglaną i pokrojony na drobne różyczki kalafior, smażyć jeszcze 5 minut.

3. Całość doprawić do smaku solą i ziołami prowansalskimi.

4. Wierzch można posypać kiełkami, natką pietruszki lub posiekanym szczypiorkiem.

Wskazówki

Zioła prowansalskie można zastąpić na przykład suszonym oregano, tymiankiem lub curry.
Danie można także wzbogacić o dynię lub pomidory, a nawet o świeży posiekany szpinak – tylko uwaga: należy dodać go na samym końcu.

Polenta cytrynowa z cukinią i jabłkiem (2–3 porcje)

Słoneczne, cytrynowe, lekko orzeźwiające śniadanie. Idealne w upalny dzień w środku lata. Najlepiej zrobić je z niewoskowanych, ekologicznych cytryn i zjeść zaraz po przygotowaniu, gdy jest jeszcze ciepłe. Zimne zmienia konsystencję – zastyga.

Składniki

½ szklanki kaszki kukurydzianej

2 jabłka

1 szklanka startej na dużych oczkach cukinii

1 szklanka mleka roślinnego

⅓ szklanki soku z cytryny

skórka otarta z 1 cytryny

½ łyżeczki mielonej wanilii (opcjonalnie)

2–3 łyżki syropu klonowego

posiekane pistacje lub migdały

Przygotowanie

1. Do garnka wlać mleko roślinne i postawić na ogniu. Gdy zacznie się gotować, powoli wsypać kaszkę kukurydzianą, równomiernie mieszając.

2. Zmniejszyć płomień, dodać pokrojone w kosteczkę jabłka i gotować około 10 minut, od czasu do czasu mieszając.

3. Pod koniec gotowania dodać cukinię, skórkę i sok z cytryny, wanilię oraz syrop klonowy do smaku. Wymieszać, zdjąć z ognia.

4. Przełożyć do miseczek. Posypać migdałami lub pistacjami.

Wskazówki

Cukinię można obrać, gdyby waszym dzieciom przeszkadzały zielone elementy.
Polentę można podać również ze świeżymi owocami (malinami lub borówkami).

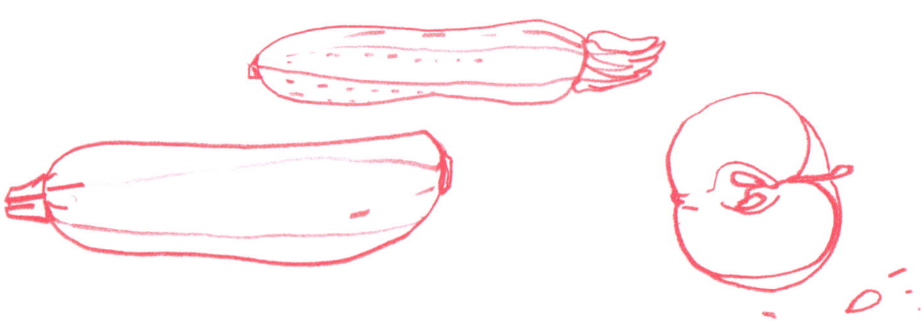

Zielone smoothie bowl z kaszą bulgur i owocami

(2–3 porcje)

Takie śniadanko nie tylko wyśmienicie smakuje i wspaniale wygląda, lecz także jest bardzo zdrowe. Zawartość kaszy bulgur sprawia, że jest sycące i zapewnia dużo siły potrzebnej do biegania, uczenia się i wygłupów.

Przygotowanie

1. Wszystkie składniki włożyć do blendera kielichowego i zmiksować na gładko.

2. Przelać do miseczek.

3. Na wierzchu ułożyć owoce jagodowe i pokrojone w plasterki kiwi. Posypać orzechami.

Wskazówki

Kaszę bulgur można zamienić na kaszę jaglaną lub płatki owsiane. Jarmuż można zamienić na szpinak lub inne zielone liście.

Składniki

1 szklanka ugotowanej kaszy bulgur (przepis na s. 42)

garść posiekanego jarmużu

2 różyczki brokuła

2 małe dojrzałe gruszki

½ banana

1 szklanka dojrzałych jasnych winogron

2–3 łyżki soku z cytryny

⅓ szklanki wody

Do podania

świeże maliny i borówki, kiwi

ulubione orzechy, nasiona

(1–2 porcje)

Warzywno-owocowy talerz zdrowia

Kolorowe warzywa i owoce na talerzu przyciągają wzrok i zachęcają do spróbowania. Moje dzieci bardzo lubią takie zestawy. Z położonych na talerzu składników tworzą własne kompozycje. Na sałacie rzymskiej układają na przykład awokado i owoce i jedzą jak kanapki.

Składniki

1 mały batat

½ awokado

3–4 listki minisałaty rzymskiej

garść jeżyn

garść malin

szczypta mielonego cynamonu

sok z cytryny

Przygotowanie

1. Batata obrać, pokroić w małą kostkę i udusić na patelni pod przykryciem na niewielkiej ilości oliwy z oliwek extra vergine o łagodnym smaku.

2. Gdy zmięknie, posypać cynamonem, wymieszać i zdjąć z ognia. Przełożyć na talerz.

3. Obok batatów ułożyć jeżyny, sałatę rzymską, maliny oraz pokrojone w plasterki i skropione sokiem z cytryny awokado.

Wskazówki

Komponując taki talerz, można położyć na niego różne owoce – gruszki, jabłka, arbuza. Wszystko zależy od fantazji, dostępności i pory roku. Całość można posypać ulubionymi orzechami lub nasionami.

Zamiast kłaść wszystko na talerz, można również poukładać poszczególne składniki warstwami w salaterce lub dużej szklance albo przygotować z nich kolorowe szaszłyki.

Placki gryczano-owsiane z dynią i jabłkiem

(10–12 placuszków)

Oto kolejna propozycja pysznych i zdrowych placków, tym razem z dodatkiem dyni i jabłka.

Składniki

1 szklanka dowolnej dyni startej na dużych oczkach

1½ szklanki jabłka startego na dużych oczkach

4 łyżki mąki gryczanej

4 łyżki mąki owsianej

½ szklanki mleka roślinnego

½–1 łyżeczka mielonego cynamonu

½ łyżeczki mielonej wanilii

½ łyżeczki proszku do pieczenia bez fosforanów

1 łyżka soku z cytryny

syrop klonowy lub daktylowy do smaku

Przygotowanie

1. Obie mąki wymieszać z mlekiem roślinnym, proszkiem do pieczenia, cynamonem i sokiem z cytryny. Powinna powstać gładka masa.

2. Dodać startą dynię i jabłko, wymieszać.

3. Na mocno rozgrzanej patelni z niewielką ilością oliwy z oliwek extra vergine o łagodnym smaku smażyć nieduże placuszki.

4. Podawać z syropem klonowym lub daktylowym.

Wskazówki

Gdyby ciasto było za gęste, dodać więcej mleka, a jeśli za rzadkie – dosypać mąki.

Karotkowa owsianka

(4 porcje)

Za sprawą pewnego słynnego soku trio marchew–jabłko–banan stało się chyba jednym z ulubionych smakowych połączeń wszystkich dzieci. Bardzo dobrze sprawdza się w owsiance, która znika błyskawicznie.

Przygotowanie

1. Marchewki umyć, obrać i zetrzeć na dużych oczkach. Przełożyć do garnka, zalać wodą, tak aby przykryła marchewkę, i dusić pod przykryciem na małym ogniu.

2. Umyć jabłka, obrać je i zetrzeć na dużych oczkach, dodać do gotującej się marchewki.

3. Obrać ze skórki banana, pokroić w drobną kostkę, skropić sokiem z cytryny i również dodać do garnka.

4. Całość wymieszać i dusić, aż marchewka i owoce będą miękkie i się rozpadną.

5. W międzyczasie do drugiego garnka wsypać płatki owsiane, zalać je mlekiem i wodą, dodać cynamon, rodzynki i postawić na ogień. Gotować, od czasu do czasu mieszając, do momentu aż owsianka będzie gęsta.

6. Na koniec do ugotowanej owsianki dodać uduszoną marchewkę z owocami, wymieszać i podawać.

Wskazówki

Zamiast rodzynek można dodać posiekane daktyle, suszone wiśnie lub suszoną żurawinę.

Składniki

2 marchewki

2 jabłka

1 dojrzały mały banan

¾ szklanki zwykłych płatków owsianych

1 szklanka mleka roślinnego

½ szklanki wody

szczypta mielonego cynamonu

garść rodzynek

(2 porcje)

Koktajl z batata, banana i pomarańczy

Tym razem przedstawiam wam koktajl bez dodatku zielonych liści, ale za to z batatem, bananem i pomarańczą. Wystarczy wcześniej upiec batata, a rano tylko zmiksować wszystkie składniki i śniadanie gotowe.

Składniki

1 duży batat

1 duży dojrzały banan

1 duża pomarańcza

½ szklanki mleka roślinnego

¼ łyżeczki mielonego cynamonu

¼ łyżeczki mielonej wanilii

szczypta soli

Przygotowanie

1. Upiec batata (przepis na s. 39) i wystudzić.

2. Wszystkie składniki włożyć do blendera i zmiksować na gładki koktajl.

3. Wierzch można posypać ulubionymi orzechami.

4. W razie potrzeby, gdyby koktajl był za gęsty, można dodać więcej mleka.

Wskazówki

Batata można zastąpić dynią.

TWAROŻEK Z MIGDAŁÓW ZE SZCZYPIORKIEM,
OGÓRKIEM I RZODKIEWKĄ

PASTA Z CIECIERZYCY I PIECZONEJ PAPRYKI
Z MASŁEM ORZECHOWYM

PASTA Z GROSZKU, PORA I PISTACJI

PASTA Z PIECZONEGO KALAFIORA I TAHINI

PASTA Z PIECZONEJ PAPRYKI
Z ORZECHAMI WŁOSKIMI I CZERWONĄ FASOLĄ

PASTA Z JARMUŻU I AWOKADO

HUMUS Z PIECZONĄ MARCHEWKĄ

HUMUS Z BIAŁEJ FASOLI I PIECZONEGO BURAKA

PASTA Z DYNI I POMIDORÓW

PASTA CZEKOLADOWA Z BATATÓW I DAKTYLI

PASTA Z PIETRUSZKI I JABŁKA

PASTA Z PIECZONEJ KAPUSTY

4

Do chleba

**Kolorowe i pełne warzyw pasty
urozmaicą kanapki
i dostarczą do menu sporo warzyw.**

Twarożek z migdałów ze szczypiorkiem, ogórkiem i rzodkiewką

Wiosenna pasta kanapkowa, która stanowi alternatywę dla zwykłego twarożku. Jest pyszna i bogatsza w wapń niż klasyczny twaróg. Znakomita ze świeżym chlebem razowym. Najlepiej smakuje, gdy chwilę postoi, a wszystkie smaki się przegryzą.

Składniki

1 szklanka migdałów

2 średnie ogórki gruntowe lub ⅓ ogórka szklarniowego

3 rzodkiewki

3 łyżki drobno posiekanego szczypiorku

5 łyżek soku z kiszonych ogórków + 1½ szklanki soku do namoczenia migdałów

sól

pieprz

Przygotowanie

1. Migdały moczyć w soku przez kilka godzin, na przykład przez noc.

2. Rano zmiksować na gładko z dodatkiem soku z kiszonych ogórków.

3. Dodać pokrojone w drobną kosteczkę ogórki, rzodkiewki i szczypiorek.

4. Doprawić solą i pieprzem, wymieszać.

Pasta z ciecierzycy i pieczonej papryki z masłem orzechowym

To jedna z ulubionych past Kacpra. Najchętniej je ją z pieczywem razowym i plasterkami świeżego ogórka. To w zasadzie humus, tylko zamiast tahini jest masło orzechowe, które ciekawie współgra ze słodkim smakiem papryki i subtelną ciecierzycą.

Składniki

1 szklanka ugotowanej ciecierzycy (może być z puszki albo ze słoika)

4 łyżki masła orzechowego

2 czerwone papryki

¼ łyżeczki mielonego kuminu

¼ łyżeczki mielonego cynamonu

2–3 łyżki soku z cytryny

sól

Przygotowanie

1. Papryki upiec (przepis na s. 36).

2. Ciecierzycę, papryki i masło orzechowe zmiksować na gładką pastę.

3. Doprawić do smaku kuminem, cynamonem, solą i sokiem z cytryny.

Pasta z groszku, pora i pistacji

Ta pasta nigdy mi się nie nudzi. Co tu dużo mówić – kocham pistacje. W połączeniu z porem i słodkim groszkiem smakują wybornie. Najlepiej od razu przygotować ją z podwójnej porcji. Tak, wiem – obieranie pistacji jest mozolne – ale dla tego smaku warto się natrudzić.

Składniki

1 szklanka mrożonego groszku

½ pora (tylko biała część)

30–40 g wyłuskanych pistacji

1 łyżka soku z cytryny

sól

2 łyżki oliwy extra vergine

Przygotowanie

1. Pistacje zalać ciepłą wodą i moczyć 30 minut.

2. W tym czasie pokroić pora w kosteczkę i podsmażyć na rozgrzanej patelni na dwóch łyżkach oliwy.

3. Kiedy się zeszkli, dodać mrożony groszek i dusić, aż groszek całkowicie się rozmrozi. Odstawić do wystygnięcia.

4. Na koniec zmiksować warzywa na gładką pastę z namoczonymi i odsączonymi z wody pistacjami. Doprawić do smaku solą i sokiem z cytryny.

Pasta z pieczonego kalafiora i tahini

Pieczony kalafior jest przepyszny, zdecydowanie bardziej charakterny niż gotowany. W połączeniu z tahini, czosnkiem i natką komponuje się wspaniale.

Składniki

½ kg kalafiora

1 łyżka jasnej tahini

1 mały ząbek czosnku (opcjonalnic)

2–3 łyżki soku z cytryny

sól

1–2 łyżki oliwy extra vergine

świeża natka pietruszki lub kolendra

Przygotowanie

1. Upiec kalafior (przepis na s. 37)
2. Wystudzić i zmiksować na gładko z pozostałymi składnikami.

Pasta z pieczonej papryki z orzechami włoskimi i czerwoną fasolą

Znakomita pasta z dużą ilością białka i kwasów tłuszczowych omega-3. Najlepiej smakuje na drugi dzień, gdy wszystkie smaki ładnie się przegryzą.

Składniki

2 czerwone papryki

1 duża cebula

½ szklanki ugotowanej czerwonej fasoli (może być z puszki albo ze słoika)

½ szklanki orzechów włoskich

szczypta mielonego cynamonu

szczypta mielonego kuminu

sól

świeża natka pietruszki

2 łyżki oliwy extra vergine

Przygotowanie

1. Upiec papryki (przepis na s. 36).

2. Cebulę posiekać w kostkę i podsmażyć na złoto na 2 łyżkach oliwy, wystudzić.

3. Upieczone papryki, fasolę, orzechy i cebulę włożyć do pojemnika blendera z ostrzem S i zmiksować na gładką pastę.

4. Doprawić solą, cynamonem i kuminem. Na koniec dodać drobno posiekaną natkę pietruszki.

Pasta z jarmużu i awokado

Guacamole to jedna z pierwszych past warzywnych, które podałam moim dzieciom. Kacper polubił je od razu, Karolcia potrzebowała więcej czasu, żeby się z nimi oswoić. Pastę z jarmużem i awokado oboje polubili od pierwszego kęsa. Zjedli całą porcję z bułkami owsianymi.

Przygotowanie

1. Jarmuż, natkę, koperek i awokado zmiksować na gładko w blenderze.

2. Do smaku doprawić solą, kozieradką, bazylią, przeciśniętym przez praskę czosnkiem i sokiem z cytryny.

Składniki

1 szklanka posiekanego jarmużu

½ szklanki luźno upchniętej posiekanej świeżej natki pietruszki

2 łyżki posiekanego świeżego koperku

2 dojrzałe awokado

1 mały ząbek czosnku

2–3 łyżki soku z cytryny

¼ łyżeczki mielonej kozieradki

¼ łyżeczki suszonej bazylii

sól

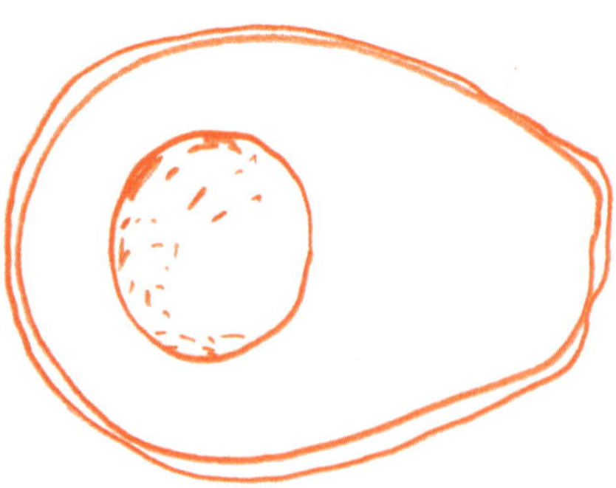

Humus z pieczoną marchewką

Humus to wdzięczne danie dla dzieci, pod warunkiem że nie jest gorzki. Można przygotowywać go z różnymi warzywami, na przykład ze szpinakiem, pieczonym burakiem czy dynią. Moje dzieci najbardziej lubią klasyczny – bez żadnych dodatków i ten z pieczoną słodką marchewką.

Składniki

1½ szklanki ugotowanej ciecierzycy (może być z puszki albo ze słoika)

1 łyżka jasnej tahini

1 mały ząbek czosnku

4–5 marchewek

szczypta mielonego kuminu

szczypta mielonej kolendry

3 łyżki soku z cytryny

3 łyżki lodowatej wody

sól

świeża natka pietruszki lub kolendra

oliwa extra vergine

Przygotowanie

1. Marchewki obrać, pokroić wzdłuż w ćwiartki, włożyć do miski, dodać szczyptę soli i 1–2 łyżki oliwy, całość wymieszać.

2. Przełożyć na blachę wyłożoną pergaminem i piec 20 minut w temperaturze 180°C, aż marchewki będą miękkie. Ostudzić.

3. Wszystkie składniki zmiksować na gładki humus. W razie potrzeby dodać nieco wody, aby uzyskać bardziej kremową konsystencję.

Wskazówki

Marchewek nie trzeba koniecznie piec. Można dodać ugotowane na parze albo w wodzie.

Humus z białej fasoli i pieczonego buraka

Oto kolejna wersja humusu. Tym razem zamiast ciecierzycy – biała fasola. Dodatek pieczonego buraka dodaje słodyczy i nadaje boski różowy kolor. Moje dzieci jedzą go najczęściej z pieczywem razowym i rukolą.

Przygotowanie

1. Upiec buraka (przepis na s. 38) i wystudzić.

2. Wszystkie składniki zmiksować w blenderze na gładką pastę.

Składniki

1 szklanka ugotowanej białej fasoli (może być z puszki lub słoika)

1 mały burak

1 łyżka jasnej tahini

1 mały ząbek czosnku

2–3 łyżki soku z cytryny

3–4 łyżki lodowatej wody

szczypta mielonego kuminu (opcjonalnie)

sól

Pasta z dyni i pomidorów

Bardzo prosta pasta z łatwo dostępnych składników. Najlepsza będzie w sezonie pomidorowym – ze słodkich, mięsistych pomidorów, na przykład malinowych.
Aby miała dobrą konsystencję, należy do jej przygotowania użyć zwartego purée z dyni i dobrze odparować pomidory.

Przygotowanie

1. Cebulkę posiekać i podsmażyć na złoty kolor na 1 łyżce oliwy.

2. Dodać pokrojone w kosteczkę pomidory i smażyć do momentu, aż pomidory rozpadną się i zmienią strukturę, a woda odparuje.

3. Zawartość patelni zmiksować z purée z dyni na pastę (nie musi być zupełnie gładka). Posolić do smaku.

Wskazówki

W wersji dla dorosłych pastę można zaostrzyć na przykład odrobiną chili lub gochugaru.

Składniki

1 duża cebula

1 szklanka purée z dyni (przepis na s. 39)

2 średnie pomidory

sól

pieprz

oliwa extra vergine

Pasta czekoladowa z batatów i daktyli

Coś dla wielbicieli czekoladowych smaków. Sprawdzi się zarówno na kanapkach, jak i w naleśnikach. Jest przepyszna. I co najważniejsze – milion razy zdrowsza od popularnego kremu i innych tego typu produktów dostępnych w sklepach.

Składniki

1 duży batat

1 szklanka suszonych daktyli

2 łyżki kakao

¼ łyżeczki mielonego kardamonu

szczypta soli

Przygotowanie

1. Daktyle zalać gorącą wodą i odstawić na kilka godzin, żeby zmiękły. Następnie należy je dokładnie odcedzić i odcisnąć z wody.

2. W tym czasie upiec batata (przepis na s. 39). Wystudzić.

3. Daktyle zmiksować na gładko z batatem, kakao i kardamonem.

Wskazówki

Pastę można przechowywać w lodówce w zamkniętym pojemniku przez kilka dni.

Pasta z pietruszki i jabłka

Bardzo ciekawa i smaczna pasta znów w wersji na słodko. Znakomicie komponuje się z podprażonymi migdałami i z granatem albo porzeczkami.

Składniki

2 pietruszki (200 g)

2 duże jabłka

¼ łyżeczki mielonego cynamonu

¼ łyżeczki mielonej wanilii lub kilka kropel ekstraktu waniliowego (opcjonalnie)

sok z cytryny do smaku

Przygotowanie

1. Pietruszkę obrać i pokroić wzdłuż w ćwiartki, włożyć do miski. Wlać 1 łyżkę oliwy i szczyptę soli, wymieszać dłonią. Następnie przełożyć pietruszkę na blachę wyłożoną pergaminem i włożyć do piekarnika nagrzanego do 180°C

2. Po około 25 minutach do pietruszki w piekarniku dołożyć ćwiartki jabłek pozbawionych gniazd nasiennych, skórką do góry. Piec jeszcze około 20 minut.

3. Upieczone pietruszki i jabłka wystudzić. Z jabłek zdjąć skórkę i zmiksować je wraz z pietruszkami na gładką pastę. Doprawić cynamonem, wanilią i sokiem z cytryny.

Wskazówki

Pastę można przechowywać w lodówce w zamkniętym pojemniku przez około 3 dni.

Pasta z pieczonej kapusty

Gdy masz w domu trochę kapusty i nie wiesz, co z nią zrobić – upiecz ją i przygotuj znakomite smarowidło. Pyszne z kromkami chleba razowego i kiszonymi ogórkami.

Przygotowanie

1. Piekarnik nagrzać do 170°C.

2. Kapustę grubo poszatkować, wymieszać z łyżką oliwy i szczyptą soli. Wysypać na blachę wyłożoną pergaminem i piec w piekarniku, aż będzie miękka i się zarumieni. Na ogół to trwa mniej więcej 20 minut.

3. W tym czasie cebulę posiekać w kostkę i podsmażyć na oliwie na złoty kolor. Dodać starte na dużych oczkach jabłko. Całość wymieszać i smażyć około 5 minut.

4. Upieczoną i wystudzoną kapustę zmiksować na gładko z cebulą i jabłkiem. Posolić do smaku.

Składniki

300 g białej kapusty

1 duża cebula

1 małe jabłko lub pół dużego

sól

1–2 łyżki oliwy extra vergine

Wskazówki

Pastę można przyprawić odrobiną majeranku albo wędzonej papryki.

ZUPA WARZYWNA Z PIECZONYM KALAFIOREM I BRĄZOWYM RYŻEM

ZUPA POMIDOROWO-PAPRYKOWA Z CIECIERZYCĄ I KASZĄ JAGLANĄ

KRUPNIK Z FASOLKĄ SZPARAGOWĄ

ZUPA WARZYWNA Z SOCZEWICĄ I MLECZKIEM KOKOSOWYM

ZUPA PIECZARKOWA Z MAKARONEM Z CUKINII I SZCZYPIORKIEM

ROSÓŁ PO AZJATYCKU

KREM WIELOWARZYWNY

BARSZCZ Z SOCZEWICĄ I PIECZONYMI ZIEMNIAKAMI

ZUPA KREM Z CZERWONEJ KAPUSTY Z PESTO Z SUSZONYCH POMIDORÓW

KREM BRUKSELKOWO-JARMUŻOWO-POROWY

FASOLÓWKA

KREM CEBULOWY Z RAZOWYMI GRZANKAMI

5

Zupy

Zupa to danie, dzięki któremu w prosty sposób wzbogaca się rodzinne menu o warzywa. Można podać ją klasycznie na obiad, ale równie dobrze sprawdzi się na kolację.

Zupa warzywna z pieczonym kalafiorem i brązowym ryżem

(4–6 porcji)

Moje dzieci zawsze zaczynają tę zupę od pieczonego kalafiora, potem zabierają się do jedzenia reszty. Jest przepyszna, szczególnie na drugi dzień, gdy smaki porządnie się przegryzą.

Przygotowanie

1. Upiec kalafior (przepis na s. 37).

2. Do dużego garnka wlać 1 łyżkę oliwy, dodać posiekany czosnek i rozmaryn, podsmażyć do momentu, aż czosnek i rozmaryn puszczą aromat. Następnie wsypać wypłukany ryż, liście laurowe, ziele angielskie i obrany seler (bez krojenia). Całość zalać wrzątkiem (1½ litra) i gotować na wolnym ogniu.

3. W międzyczasie pokroić w kostkę marchewkę, pietruszkę i dodać do garnka. Gotować do momentu, aż ryż i warzywa zmiękną. Pod koniec gotowania dodać groszek i upieczony kalafior (można go nieco rozdrobnić).

Składniki

½ dużego kalafiora

3 duże ząbki czosnku

1 marchewka

1 pietruszka

⅓ szklanki brązowego ryżu długoziarnistego

½ szklanki zielonego groszku (mrożonego lub świeżego)

50 g selera korzeniowego

2 liście laurowe

3 ziarenka ziela angielskiego

3 gałązki rozmarynu

oliwa extra vergine

(4–6 porcji)

Zupa pomidorowo-paprykowa z ciecierzycą i kaszą jaglaną

Pomidorówka to klasyczna zupa w domowym menu. Większość dzieci je ją z apetytem. Dlatego warto przygotowywać ją w różnych wersjach, wzbogacając o inne warzywa i dodatki. Spróbujcie naszej wersji z papryką, ciecierzycą i kaszą jaglaną. Jest nie tylko smaczna, ale też bardzo odżywcza i sycąca.

Składniki

1 cebula

3 ząbki czosnku

2 marchewki

1 łodyga selera naciowego

1 czerwona papryka

2 szklanki przecieru pomidorowego (passaty)

1 łyżeczka suszonego oregano

½ łyżeczki suszonego tymianku

½ łyżeczki otartej bazylii

1 szklanka ugotowanej ciecierzycy (może być z puszki albo ze słoika)

5 łyżek ugotowanej kaszy jaglanej (przepis na s. 41)

1 łyżeczka syropu klonowego (opcjonalnie)

sól

świeża natka pietruszki

oliwa extra vergine

Przygotowanie

1. Cebulę i czosnek posiekać i włożyć do garnka z 2 łyżkami oliwy, zeszklić. Dodać pokrojony seler naciowy, pokrojoną w kostkę marchewkę i czerwoną paprykę, podsmażać około 5 minut.

2. Zalać całość wrzątkiem (1¼ litra). Gotować do momentu, aż warzywa będą miękkie.

3. Wlać przecier pomidorowy, zagotować, a potem zmiksować zupę na krem.

4. Dodać ugotowaną kaszę jaglaną, ciecierzycę i doprawić do smaku ziołami, syropem klonowym i solą. W razie potrzeby dodać jeszcze nieco wody. Podawać z posiekaną natką pietruszki.

(4–5 porcji)

Krupnik z fasolką szparagową

Krupnik to tradycyjna polska zupa z kaszą jęczmienną. Tu w nieco innej wersji – z pęczakiem i fasolką szparagową. Można przygotować ją też z drobniejszej kaszy – perłowej albo jaglanej. Także świeżą fasolkę można zmienić na mrożoną (i dodać pod koniec gotowania).

Składniki

1 cebula

70 g selera korzeniowego

2 marchewki

1 pietruszka

2 ziemniaki

½ szklanki suchej kaszy pęczak

2 liście laurowe

3 ziarenka ziela angielskiego

sól

1 łyżeczka suszonego lubczyku

2 suszone grzyby (borowiki albo podgrzybki)

250 g świeżej zielonej fasolki szparagowej

Przygotowanie

1. Cebulę obrać, przekroić na pół i opalić nad ogniem lub na suchej patelni. Wrzucić do garnka. Dodać w całości obrany seler, pokrojoną w kostkę marchewkę i pietruszkę oraz ziele angielskie, liście laurowe i grzyby.

2. Całość zalać wrzątkiem (1¼ litra) i gotować na małym ogniu pod przykryciem.

3. Po około 10 minutach wsypać przepłukaną kaszę, a po następnych 10 minutach dodać obraną i pokrojoną w 3-centymetrowe kawałki fasolkę szparagową, po chwili także ziemniaki pokrojone w kostkę. Gotować na małym ogniu.

4. Gotować, aż wszystkie warzywa będą miękkie. Na koniec zupę przyprawić lubczykiem i solą. Podawać z posiekanym koperkiem.

(4–5 porcji)

Zupa warzywna z soczewicą i mleczkiem kokosowym

Ta kolorowa zupa z dodatkiem mleczka kokosowego podbiła podniebienia moich dzieci. Na pewno wasze pociechy będą nią zachwycone. Spróbujcie! Jest zaskakująco aksamitna i sycąca.

Składniki

1 duża cebula

3 ząbki czosnku

1 łodyga selera naciowego

1 duża marchewka

200 g różyczek brokuła z łodyżkami

1½ szklanki czerwonej soczewicy

1½ łyżeczki przyprawy curry

1 łyżeczka suszonej kolendry

1 cm świeżego imbiru

sól

½ szklanki mleczka kokosowego

2 łyżki soku z cytryny

świeża natka pietruszki lub kolendra

oliwa extra vergine

Przygotowanie

1. Cebulę i czosnek drobno posiekać i zeszklić w dużym garnku na 2 łyżkach oliwy. Dodać starty imbir, kolendrę i curry.

2. Następnie dodać pokrojoną drobno łodygę selera naciowego, pokrojoną w kostkę marchewkę oraz pokrojone w plasterki łodyżki brokułów i podsmażać około 5 minut.

3. Dodać soczewicę i całość zalać wrzątkiem (1¼ litra). Po 5 minutach dodać brokułów. Gotować do momentu, aż soczewica i wszystkie warzywa będą miękkie, ale nie rozgotowane.

4. Na koniec dodać mleczko kokosowe, przyprawić do smaku solą i sokiem z cytryny. Podawać z posiekaną natką pietruszki lub kolendrą.

Wskazówki

Wersję zupy dla dorosłych można zrobić bardziej pikantną, dodając więcej imbiru lub chili.
Zupę można wzbogacić o inne warzywa lub zamienić brokuł na przykład na fasolkę szparagową, groszek czy kalafior.

(4–6 porcji)

Rosół po azjatycku

To u nas jedna z ulubionych zup, o którą moje dzieciaki same się upominają. Jest to zawsze bulion na wywarze warzywnym, smakiem przypominający klasyczny rosół. Od jakiegoś czasu robię też rosół w stylu azjatyckim, który polubiły nie tylko dzieci. To ostatnio ulubiona zupa mojego męża.

Składniki

2 cebule

3 ząbki czosnku

2 marchewki

3 łodygi selera naciowego

⅛ dużej kapusty pekińskiej

1 suszony grzyb (shiitake albo podgrzybek)

3 cm świeżego imbiru

3 gwiazdki anyżu

3 goździki

2 ziarenka kardamonu

1–2 łyżki sosu sojowego

sól

Do podania

makaron ryżowy

świeży czosnek

sok z limonki lub cytryny

świeża kolendra

papryczka chili

Przygotowanie

1. Cebulę opalić nad ogniem albo na suchej patelni i wrzucić do dużego garnka.

2. Dodać pozostałe warzywa, imbir, suszony grzybek, anyż, goździki i kardamon. Całość zalać 1½ litra zimnej wody, zagotować i gotować na wolnym ogniu około godziny. Na koniec dodać sos sojowy i sól.

3. Podawać z ugotowanym makaronem ryżowym, posiekaną świeżą kolendrą i odrobiną soku z cytryny lub limonki.

4. W wersji dla dorosłych można dodać jeszcze kilka plasterków czosnku i odrobinę papryczki chili.

Zupa pieczarkowa z makaronem z cukinii i szczypiorkiem

(4–5 porcji)

Moja wariacja na temat pieczarkowej, która bardzo przypadła nam do gustu. Uwielbiamy ją wszyscy. Szczególnie zaś Karolcia – miłośniczka pieczarek i makaronu z cukinii.

Przygotowanie

1. Cebulę posiekać w kostkę i zeszklić w dużym garnku na 1–2 łyżkach oliwy.

2. Pieczarki lekko opłukać pod strumieniem wody, wysuszyć i pokroić w plasterki, dodać do cebuli, posolić i dusić do momentu, aż ładnie się przyrumienią.

3. Następnie całość zalać wrzątkiem (1¼ litra), dodać liść laurowy, ziele angielskie i pokrojone w kostkę ziemniaki. Gotować, aż ziemniaki zmiękną. Wyjąć liść laurowy i ziele angielskie, a zupę zmiksować na krem. Do smaku doprawić solą, sosem sojowym, sokiem z cytryny i tymiankiem.

4. Podawać z makaronem z cukinii (s. 67) i posiekanym szczypiorkiem.

Składniki

1 cebula

400 g pieczarek

2 ziemniaki

1 łyżka sosu sojowego

szczypiorek

1 liść laurowy

2 ziarenka ziela angielskiego

½ łyżeczki suszonego tymianku

1–2 łyżki soku z cytryny lub więcej do smaku

sól

pieprz

oliwa extra vergine

Krem wielowarzywny

(4–5 porcji)

Pyszna zupa krem z mnóstwem warzyw. Podczas przygotowań czasami ją lekko modyfikuję, zamieniając niektóre warzywa. Seler naciowy zmieniam na korzeniowy, marchewkę na dynię, a białą kapustę na pekińską lub włoską. Wszystko zależy od tego, co akurat znajdę w lodówce i na co jest sezon.

Przygotowanie

1. Cebulę i czosnek drobno posiekać i zeszklić na 2 łyżkach oliwy w dużym garnku. W międzyczasie seler, marchewkę i pietruszkę pokroić w kostkę i dodać do garnka. A po około 5 minutach dodać jeszcze pokrojoną w kostkę kalarepę i poszatkowaną kapustę.

2. Zalać wszystko wrzątkiem (1¼ litra). Gotować, aż wszystkie warzywa będą miękkie.

3. Zupę zmiksować na gładki krem. Doprawić do smaku lubczykiem, kozieradką, solą i sokiem z cytryny.

4. Na koniec dodać posiekany drobno koperek, wymieszać.

5. Podawać z ulubionymi orzechami i nasionami, z grzankami, chlebem razowym lub czipsami warzywnymi (s. 48).

Składniki

1 cebula

1 kawałek pora (biała część)

1 ząbek czosnku

1 łodyga selera naciowego

2 marchewki

1 pietruszka

1 kalarepa

1 szklanka ubitej posiekanej białej kapusty

2–4 łyżki posiekanego świeżego koperku

1 łyżeczka suszonego lubczyku

¼ łyżeczki mielonej kozieradki

sól

Barszcz z soczewicą i pieczonymi ziemniakami

(4–6 porcji)

To taki barszcz ukraiński z dodatkiem soczewicy, dzięki której jest bardzo sycący i bogaty w białko. Idealnie komponuje się z pieczonymi ziemniaczkami, stanowiąc w ten sposób kompletny posiłek.

Składniki

2 duże buraki

1 marchewka

kawałek selera korzeniowego

1 cebula

3 ząbki czosnku

⅓ szklanki zielonej soczewicy

1 suszony grzyb (np. podgrzybek)

2 liście laurowe

3 ziarenka ziela angielskiego

½ łyżeczki wędzonej papryki

½ łyżeczki suszonego majeranku

2 łyżki koncentratu pomidorowego

1 łyżeczka syropu klonowego

3 łyżki soku z cytryny

oliwa extra vergine

Do podania

4–5 średnich ziemniaków

oliwa extra vergine

Przygotowanie

1. Cebulę posiekać w drobną kostkę i zeszklić w dużym garnku na 1 łyżce oliwy. Następnie dodać soczewicę, liście laurowe, ziele angielskie, grzybek, seler i całość zalać 1 litrem wrzątku.

2. Gotować na małym ogniu pod przykryciem. W tym czasie zetrzeć na tarce o grubych oczkach marchewkę i buraki i dodać do garnka, wymieszać, dolać ½ litra wody i gotować do momentu, aż soczewica i warzywa zmiękną.

3. Na koniec dodać przyprawy i przecier pomidorowy. Dosolić do smaku.

4. Podawać z pieczonymi ziemniakami i natką pietruszki lub koperkiem.

Pieczone ziemniaki

1. Ziemniaki obrać, pokroić w kostkę, włożyć do miski, wlać 1 łyżkę oliwy i posolić. Całość wymieszać.

2. Tak przygotowane ziemniaki przełożyć na blachę wyłożoną pergaminem. Piec w piekarniku nagrzanym do 180°C, aż będą miękkie i zarumienią się (około 30 minut).

(4–5 porcji)

Zupa krem z czerwonej kapusty z pesto z suszonych pomidorów

Czerwoną kapustę je się zazwyczaj gotowaną w postaci sałatki z dodatkiem cebulki i jabłka. A próbowaliście kiedyś zrobić z takiej kapusty zupę? Smakuje wyśmienicie. I jaki ma kolor!

Składniki

300 g czerwonej kapusty

2 czerwone cebule

1 jabłko

3 ziemniaki

1 liść laurowy

2 ziarenka ziela angielskiego

2 łyżki sosu sojowego

2–3 łyżki octu balsamicznego

sól

pieprz

oliwa extra vergine

Pesto

½ szklanki suszonych pomidorów z oliwy

4–5 łyżek migdałów lub orzechów laskowych

1 ząbek czosnku

1–2 łyżki nieaktywnych płatków drożdżowych

⅓ szklanki oliwy extra vergine

sól

Przygotowanie

1. Najpierw zrobić pesto. Lekko podprażyć migdały na suchej patelni, przestudzone wsypać do blendera z ostrzem S i zmiksować na piasek, a potem dodać resztę składników i ponownie zmiksować. Doprawić do smaku solą. W wersji z orzechami wszystko należy zrobić podobnie, jednak orzechy przygotować zgodnie z przepisem ze s. 43. Takie pesto można przełożyć do słoiczka i trzymać w lodówce przez kilka dni.

2. Cebule posiekać i zeszklić na 1–2 łyżkach oliwy w dużym garnku. Następnie dodać posiekaną czerwoną kapustę oraz obrane i pokrojone w kostkę jabłko. Wrzucić także liść laurowy i ziele angielskie. Dusić około 5 minut.

3. Zalać wszystko 1 litrem wrzątku i gotować na wolnym ogniu. W międzyczasie obrać ziemniaki i pokroić w kostkę, dorzucić do zupy i gotować, aż zmiękną.

4. Wyłowić liść laurowy i ziele angielskie, po czym zupę zmiksować na krem. Dodać sos sojowy i ocet balsamiczny, sól i pieprz. W razie potrzeby dodać nieco więcej wody, aby zupa nie była za gęsta.

5. Zupę nalać do miseczek, dodać 1–2 łyżeczki pesto, zamieszać i zjeść.

(4–5 porcji)

Krem bruksełkowo-jarmużowo-porowy

Okazuje się, że brukselka w zupie może smakować znakomicie. Wystarczy przygotować z niej krem. Moim dzieciom bardzo ta zupa przypadła do gustu. Chętnie jedzą ją z grzankami lub krakersami z ziaren.

Składniki

1 duży por (część biało-jasnozielona)

2 ząbki czosnku

15 brukselek (200 g po przebraniu)

1 łodyga selera naciowego

3 ziemniaki

1 duży liść jarmużu

2 łyżki posiekanego świeżego koperku

2 łyżki soku z cytryny

sól

oliwa extra vergine

Przygotowanie

1. W dużym garnku podsmażyć na 2 łyżkach oliwy posiekane czosnek i por. W międzyczasie pokroić w kostkę seler naciowy, a brukselki posiekać jak kapustę. Dodać do garnka i smażyć około 3 minut.

2. Dodać pokrojone w kostkę ziemniaki i zalać całość wrzątkiem lub gorącym bulionem warzywnym (1¼ litra). Gotować do momentu, aż ziemniaki będą miękkie.

3. Zupę zdjąć z ognia, dodać posiekany jarmuż i koperek, a następnie zmiksować na krem. Przyprawić do smaku solą i sokiem z cytryny.

4. Podawać z grzankami, czipsami warzywnymi (s. 48) lub krakersami (s. 62).

Krem cebulowy z razowymi grzankami

(4–5 porcji)

Zupa idealna na rozgrzewkę w zimowy dzień, gdy wybór sezonowych warzyw jest mocno ograniczony. Najlepiej smakuje z grzankami z chleba razowego, płatkami migdałowymi i natką pietruszki.

Przygotowanie

1. Cebulę pokroić w kostkę. Włożyć do garnka, wlać 3 łyżki oliwy i podsmażyć na złoty kolor, od czasu do czasu mieszając.

2. Następnie cebulę zalać 1 litrem wrzątku, dodać liść laurowy, ziele angielskie, pokrojoną w kostkę marchewkę i seler. Gotować na małym ogniu pod przykryciem.

3. Po około 10 minutach dołożyć obrane i pokrojone w kostkę ziemniaki. Gotować, aż warzywa będą miękkie.

4. Wyjąć liść laurowy i ziele angielskie i zmiksować zupę na krem. Jeśli jest za gęsta, można dolać nieco wody. Potem dodać przyprawy i sól.

Składniki

5 dużych cebul

1 marchewka

kawałek selera korzeniowego

2 ziemniaki

½ łyżeczki suszonego tymianku

½ łyżeczki suszonego majeranku

1 łyżeczka mielonej kolendry

¼ łyżeczki papryki wędzonej

1 łyżka octu jabłkowego

sól

oliwa extra vergine

(4–5 porcji)

Fasolówka

Moje dzieci uwielbiają fasolki, a więc w rodzinnym menu nie może zabraknąć zupy fasolowej. Najbardziej lubią ją z dodatkiem czipsów z jarmużu. Ja natomiast lubię dodać do niej jeszcze podsmażone wędzone tofu i jeść ze świeżym pieczywem razowym.

Składniki

1 cebula

3 ząbki czosnku

3 ziemniaki

1 duża marchewka

1 łodyga selera naciowego

2 liście laurowe

3 ziarenka ziela angielskiego

½ łyżeczki mielonej kolendry

1 łyżeczka suszonego majeranku

½ łyżeczki papryki wędzonej

sól

oliwa extra vergine

2 szklanki ugotowanej drobnej białej fasoli (może być z puszki albo ze słoika)

Przygotowanie

1. Cebulę i czosnek posiekać i zeszklić w dużym garnku na 1–2 łyżkach oliwy. Dodać kolendrę i wędzoną paprykę, wymieszać.

2. Dodać pokrojoną w kostkę marchewkę i seler naciowy, smażyć około 5 minut.

3. Całość zalać wrzątkiem (1¼ litra), dodać liście laurowe, ziele angielskie, a po chwili także pokrojone w kostkę ziemniaki. Gotować, aż wszystkie warzywa będą miękkie.

4. Pod koniec gotowania dodać fasolę oraz majeranek i sól. Wymieszać, chwilę jeszcze pogotować, aż fasola zrobi się ciepła.

PLACKI ZIEMNIACZANO-SZPINAKOWE
Z GUACAMOLE

•

KLOPSY Z SOCZEWICY I WARZYW

•

BABECZKI ZIEMNIACZANO-BROKUŁOWE

•

WARZYWNE SPRING ROLLSY
Z SOSEM FISTASZKOWO-SEZAMOWYM

•

RYŻ Z WARZYWAMI PO AZJATYCKU

•

KOLOROWE SUSHI

•

PIZZA Z CUKINIĄ I PIECZARKAMI

•

RAGÙ Z SOCZEWICĄ

•

CURRY CIECIERZYCĄ, POMIDORAMI
I PIECZONĄ PAPRYKĄ

•

PIEROGI Z FARSZEM Z DYNI, GROCHU
I SUSZONYCH POMIDORÓW

•

KOTLECIKI MARCHEWKOWO-FASOLOWE

6

Dania główne

Dania główne z dużą ilością warzyw są nie tylko zdrowe, lecz także wspaniale smakują i wbrew pozorom można najeść się nimi do syta.

Placki ziemniaczano-szpinakowe z guacamole

(14 placków)

Zrobiłam kiedyś te placki na obiad i nie miałam pomysłu, z czym je podać, z jakim sosem. Na to mój mąż – zrób do tego guacamole. Bingo! To był strzał w dziesiątkę. Wytrawne placki, guacamole, świeże, soczyste pomidory i obiad gotowy.

Składniki

½ kg ziemniaków

1 cebula

1–2 ząbki czosnku

50 g świeżego szpinaku

1–2 łyżki mąki z ciecierzycy

sól

2 łyżeczki soku z cytryny

Guacamole

1 duże dojrzałe awokado

1 ząbek czosnku

1–2 łyżki soku z cytryny

sól

szklanka pomidorków koktajlowych

Przygotowanie

1. Ziemniaki zetrzeć na tarce o małych oczkach, to samo zrobić z czosnkiem i cebulą. Dodać sok z cytryny i wymieszać. Całość przełożyć do sitka, zawiesić nad miseczką i odczekać około 15 minut. Można przykryć je talerzykiem. Po tym czasie wylać wodę, która wypłynęła z ziemniaków.

2. W tym czasie zrobić guacamole: awokado przekroić na pół, wyjąc pestkę, obrać, a miąższ przełożyć do miseczki, dodać wyciśnięty ząbek czosnku, sól i sok z cytryny. Zmiksować na gładko.

3. Masę ziemniaczaną przełożyć do miski, dodać 1–2 łyżki mąki z ciecierzycy (najlepiej ją przesiać, żeby nie było grudek), posiekany drobno szpinak, sól i całość wymieszać.

4. Uformować małe placuszki i usmażyć je na złoty kolor na dobrze rozgrzanej patelni z odrobiną oliwy z oliwek extra vergine.

5. Gorące placki podawać z guacamole i pokrojonymi pomidorkami.

Klopsy z soczewicy i warzyw

(17–18 klopsów)

To jedne z ulubionych klopsów moich dzieci. Do ich przygotowania zainspirowały mnie wegańskie klopsiki z Ikei, choć smakują zupełnie inaczej. Moje dzieci je uwielbiają, obowiązkowo z sosem pomidorowym (przepis na s. 53).

Przygotowanie

1. Kaszę jaglaną ugotować zgodnie z przepisem na s. 41.

2. W międzyczasie ugotować soczewicę. Przepłukać ją, a następnie zalać 2 szklankami wrzątku i gotować do miękkości. Na końcu posolić.

3. Cebulę i czosnek drobno posiekać i zeszklić na patelni na oliwie, dodać pokrojoną w kosteczkę paprykę, a po około 5 minutach dodać jeszcze groszek. Smażyć do momentu, aż wszystkie warzywa będą miękkie. Zdjąć z ognia i odstawić do wystygnięcia.

4. Kaszę i soczewicę włożyć do miski i zmiksować blenderem na gładką masę.

5. Dodać podsmażone warzywa i zmiksować raz jeszcze, ale już nie na gładko. Na koniec dodać posiekany drobno szpinak, mąkę jaglaną, curry i sól. Całość dokładnie wymieszać dłonią.

6. Formować klopsy wielkości orzecha włoskiego, delikatnie natłuścić je z wierzchu oliwą i kłaść na blachę wyłożoną pergaminem. Piec w piekarniku nagrzanym do 180°C przez około 20 minut.

Składniki

1 cebula

1 ząbek czosnku

1 czerwona papryka

½ szklanki mrożonego groszku

garść szpinaku baby

⅓ szklanki zielonej soczewicy

⅓ szklanki suchej kaszy jaglanej

1½–2 łyżeczki przyprawy curry

sól

2–3 łyżki mąki jaglanej (zmielone płatki jaglane)

oliwa extra vergine

(10–12 babeczek)

Babeczki ziemniaczano-brokułowe

Takie babeczki można przygotować z ziemniaków i brokułów, które zostały z obiadu. Najlepsze są na drugi dzień, odgrzane w piecyku. Pyszne z dodatkiem świeżej sałatki z zielonych liści.

Składniki

10 średnich ziemniaków

400 g brokułów

1 duży por (tylko biała część)

1 łyżeczka nieaktywnych płatków drożdżowych

2 łyżki soku z cytryny

sól

oliwa extra vergine

Przygotowanie

1. Ziemniaki i brokuł ugotować. Pora posiekać w kosteczkę i zeszklić na oliwie. Następnie wszystkie warzywa włożyć do miski, ugnieść tłuczkiem i wymieszać, tak aby składniki się połączyły (masa nie powinna być zupełnie gładka). Doprawić do smaku płatkami drożdżowymi, sokiem z cytryny i solą.

2. Tak przygotowaną masą wypełnić nasmarowaną oliwą extra vergine formę do muffinków.

3. Wstawić to piekarnika nagrzanego do 180°C i piec 20–30 minut. Upieczone babeczki odstawić na 5–10 minut, aż nieco ostygną, a wtedy delikatnie wyjąć je z formy.

(10–12 spring rollsów)

Warzywne spring rollsy z sosem fistaszkowo-sezamowym

Składniki

10–12 arkuszy papieru ryżowego

kostka wędzonego tofu (180 g)

1 czerwona papryka

1 żółta papryka

1 dojrzałe awokado

1 zielony ogórek szklarniowy

100 g czerwonej kapusty

1 szklanka kiełków słonecznika

2 marchewki

1 szklanka luźno ubitego szpinaku baby

szczypiorek

Sos

1 łyżka masła orzechowego

1 łyżeczka sosu sojowego

1 łyżeczka syropu klonowego

¼ łyżeczki oleju sezamowego

¼ szklanki gorącej wody

Przygotowanie tych warzywnych rolek wspólnie z dziećmi zachęciło je do spróbowania tego nowego dla nich dania. Same dobierały składniki, układały je i próbowały zwijać papier ryżowy. Nie zawsze im wychodziło, ale i tak świetnie się przy tym bawiliśmy.

Przygotowanie

1. Najpierw zrobić sos. Masło orzechowe, sos sojowy, syrop klonowy, olej sezamowy i gorącą wodę zmiksować razem na gładko. Gdyby sos był za gęsty, dodać więcej gorącej wody. Odstawić.

2. Tofu pokroić w cienkie paski, paprykę przekroić na pół, wyjąć gniazdo nasienne, a resztę pokroić w długie, cienkie paski. Awokado obrać, wyjąć pestkę, miąższ pokroić w paski i skropić sokiem z cytryny. Marchewkę i ogórka obrać i pokroić w cienkie słupki. Kapustę cienko poszatkować.

3. Każdy arkusz papieru ryżowego delikatnie moczyć w ciepłej wodzie. Układać na desce do krojenia, napełniać składnikami w dowolnej kolejności, kładąc je na środku papieru i tworząc z nich prostokąt. Następnie ciasno zwijać, tak jak zwija się krokiety lub gołąbki.

4. Podawać z sosem fistaszkowo-sezamowym.

Ryż z warzywami po azjatycku

(4–6 porcji)

Szybkie do przygotowania danie, które w zasadzie można zrobić z warzyw będących akurat pod ręką. W naszym domu najczęściej jest ono wynikiem tak zwanego czyszczenia lodówki. Znajduję w jej czeluściach jakieś zapomniane warzywa i zamieniam je w to pyszne jedzenie.

Składniki

1 cebula

6 ząbków czosnku

2–3 cm świeżego imbiru

1 łodyga selera naciowego

1–2 marchewki

100 g kapusty pekińskiej, białej lub pak choy

½ czerwonej papryki

½ żółtej papryki

200 g brokułów

2 szklanki ugotowanego brązowego ryżu

3 łyżki sosu sojowego

1–2 łyżeczki syropu klonowego

1 łyżeczka octu ryżowego lub jabłkowego

2 łyżki oleju ryżowego

1 łyżeczka oleju sezamowego

sól

2–3 łyżki szczypiorku

Przygotowanie

1. Brokuły ugotować na parze lub w małej ilości wody, wystudzić i podzielić na różyczki.

2. Cebulę i czosnek drobno posiekać, seler naciowy pokroić w kosteczkę, marchewki zetrzeć na tarce o dużych oczkach, papryki pokroić w drobną kostkę, a kapustę cienko poszatkować.

3. W dużym garnku podsmażyć na oleju drobno posiekaną cebulę i czosnek. Dodać starty imbir, seler naciowy i papryki, a po około 5 minutach jeszcze marchewkę i kapustę. Całość wymieszać i smażyć 5 minut. Następnie dodać olej sezamowy, sos sojowy, syrop klonowy, wymieszać i smażyć jeszcze chwilę, aż warzywa będą miękkie, ale nie rozgotowane.

4. Na koniec dodać ugotowany ryż, brokuły, szczypiorek i ewentualnie dosolić do smaku. Wymieszać.

Wskazówki

Ryż można zamienić na makaron ryżowy lub sojowy

(4–6 porcji)

Kolorowe sushi

Na pierwszy rzut oka może wydawać się, że sushi nie jest dla dzieci. Nic podobnego! Wystarczy je tylko odpowiednio przygotować, a dzieci je pokochają, tak jak moje. Obydwoje przepadają za sushi, a nori jedzą chętnie nawet solo, jak czipsy.

Składniki

4 arkusze nori

1 szklanka ryżu do sushi

Awase-zu (zalewa do ryżu)

3 łyżki octu ryżowego lub jabłkowego

2 łyżeczki syropu klonowego

½ łyżeczki soli

1–2 łyżeczki soku z buraka

Przygotowanie

1. Ryż przepłukać: wsypać do miski, zalać zimną wodą i kilkakrotnie wymieszać kolistymi ruchami dłoni. Wylać wodę, nalać świeżej i ponownie wymieszać. Czynność tę powtórzyć około 5 razy, aż woda będzie przezroczysta.

2. Następnie ryż zalać świeżą wodą, tak aby był zupełnie przykryty, i odstawić do namoczenia na 30 minut. Po tym czasie należy go odcedzić i umieścić w garnku z grubym dnem. Zalać świeżą wodą (300 ml), przykryć pokrywką (najlepiej szklaną, żeby obserwować ryż podczas gotowania). Gotować na małym ogniu, nie zdejmując pokrywki, przez około 10 minut, aż ryż wchłonie wodę. Następnie ryż zdjąć z ognia i nie odkrywając, odstawić na 15 minut, aby napęczniał.

3. W tym czasie z octu, syropu klonowego i soli przygotować zalewę. Aby wszystkie składniki dobrze się połączyły, zalewę należy lekko podgrzać.

4. Jeszcze ciepły ryż przełożyć do dużej miski i stopniowo wlewać do niego zalewę awase-zu, mieszając delikatnie drewnianą łyżką. Odstawić do całkowitego wystygnięcia.

5. Przygotować warzywa. Papryki pokroić w cienkie paski. Ogórka obrać, przekroić wzdłuż na ćwiartki, wykroić pestki, a potem pokroić na cienkie słupki. Awokado obrać, pokroić w paski i skropić sokiem z cytryny. Liście sałaty pokroić w paski szerokości 1–2 centymetrów.

6. Wystudzony ryż podzielić na dwie równe części. Do jednej z nich wlać sok z buraka i wymieszać. Ryż uzyska piękny różowy kolor.

7. Przygotować miseczkę z wodą i odrobiną octu ryżowego do namaczania palców i matę bambusową. Na macie położyć arkusz nori (gładszą i błyszczącą stroną do dołu), a na nim dosyć cienką warstwę ryżu (do ½–⅔ wysokości arkusza). Jeśli ryż przykleja się do palców, moczyć je w miseczce.

8. Na ryż położyć warzywa (zaczynając od dolnego brzegu arkusza nori), po jednym z każdego rodzaju i posługując się matą, zwinąć arkusz ciasno w rulon. Następnie pokroić go ostrym nożem na kawałki nie grubsze niż 2 centymetry.

9. Gotowe sushi podawać z sosem sojowym i marynowanym imbirem.

Warzywne dodatki

½ czerwonej papryki

½ żółtej papryki

ogórek szklarniowy

½ awokado

4 łodyżki szczypiorku

2 listki dowolnej sałaty

Do podania

sos sojowy

marynowany imbir

Przybory

mata bambusowa do rolowania sushi

Wskazówki

W wersji dla dorosłych do sushi można dodać nieco pasty wasabi, aby je zaostrzyć.
Do środka można dodać jeszcze jakieś smarowidło na przykład humus, wegański majonez albo guacamole.

(2 duże pizze)

Pizza z cukinią i pieczarkami

Pizza to jedno z ulubionych dań dzieci, dlatego warto spróbować zrobić ją w zdrowszej wersji – z dodatkiem mąki pełnoziarnistej i kolorowych warzyw. Warto też w jej przygotowanie zaangażować dzieci – pozwolić im ugniatać i wałkować ciasto, wybrać i układać dodatki.

Składniki

350 g mąki typu 500 lub mąki na pizzę 00

150 g mąki pełnoziarnistej typu 1850

1 łyżka drożdży suszonych instant

1 łyżeczka cukru trzcinowego lub syropu klonowego

1½ łyżeczki soli

330 ml ciepłej wody

1 łyżka oliwy extra vergine

Dodatki

sos pomidorowy (przepis na s. 53)

1 cukinia

3–4 pieczarki

1 ząbek czosnku

½ łyżeczki tymianku

garść rukoli

Przygotowanie

1. W dużej misce wymieszać obie mąki, drożdże, cukier trzcinowy i sól.

2. W drugiej misce wymieszać wodę i oliwę, po czym połączyć zawartość dwóch misek, wymieszać najpierw łyżką do połączenia składników, a potem przenieść na blat obsypany mąką i ugniatać ciasto dłońmi. Gotowe ciasto powinno być elastyczne i odchodzić od dłoni. Następnie ciasto przełożyć do dużej miski posmarowanej oliwą, zakryć ściereczką lub folią spożywczą i odstawić do podwojenia objętości na około 2 godziny.

3. W tym czasie przygotować sos pomidorowy, cukinię i pieczarki. Cukinię pokroić w cienkie plasterki, włożyć do miski, wlać 1 łyżkę oliwy, dodać wyciśnięty czosnek i tymianek, wymieszać. Tak przygotowaną cukinię usmażyć na patelni grillowej. Pieczarki delikatnie umyć, osuszyć i pokroić w plasterki.

4. Piekarnik nagrzać do 240–250°C z blachą lub specjalnym kamieniem do pizzy wewnątrz.

5. Wyrośnięte ciasto podzielić na dwie części i każdą z nich rozwałkować cienko na kształt koła. Na każdy placek nałożyć warstwę sosu pomidorowego, a na nim ułożyć pieczarki.

6. Pizzę włożyć do gorącego piekarnika (gdy pieczesz pizzę na blasze, wyłóż ją pergaminem) i piec około 7–10 minut.

7. Na upieczoną pizzę położyć zgrillowaną cukinię i świeżą rukolę. Podawać gorącą.

Wskazówki

Wyrośnięte ciasto można przechowywać w lodówce w misce posmarowanej oliwą i przykryte folią spożywczą do 48 godzin. Wtedy należy wyciągnąć je 30 minut przed pieczeniem. Pizza z takiego odstanego ciasta jest jeszcze lepsza.
Pizzę można wzbogacić o inne warzywa, na przykład czerwoną cebulę, paprykę, oliwki, kukurydzę, bazylię.
Wierzch upieczonej pizzy można posypać płatkami migdałowymi.

Ragù z soczewicą

(4–6 porcji)

Ragù w kuchni włoskiej to po prostu sos mięsny najczęściej podawany z makaronem. Odmian tego dania jest wiele, a najbardziej popularne to ragù à la bolognese – z dodatkiem podsmażonych warzyw (soffritto) oraz pomidorów. W wersji roślinnej zamiast mięsa wystarczy dodać soczewicę i wychodzi z tego pyszne, sycące, bogate w białko danie, które można serwować z makaronem albo zrobić z nim lasagne.

Składniki

1 duża cebula
3 duże ząbki czosnku
2 marchewki
½ czerwonej papryki
2 łodygi selera naciowego
2 duże pieczarki
2 suszone grzyby (dowolne)
2 liście laurowe
3 ziarenka ziela angielskiego
1 szklanka czerwonej soczewicy
2½–3 szklanki bulionu warzywnego
1½ szklanki przecieru pomidorowego (passaty)
2 łyżki sosu sojowego
1 łyżka octu balsamicznego
1 łyżeczka syropu klonowego (opcjonalnie)
½ łyżeczki suszonej bazylii
½ łyżeczki suszonego tymianku
½ łyżeczki suszonego oregano
sól
pieprz
oliwa extra vergine

Przygotowanie

1. Do dużego garnka wlać 2 łyżki oliwy, dodać drobno pokrojoną cebulę, czosnek i podsmażyć na złoty kolor. Następnie dodać pokrojone w drobną kosteczkę pieczarki, a po chwili posiekany seler naciowy, paprykę i startą na dużych oczkach marchewkę. Dusić do momentu, aż wszystkie warzywa ładnie się podsmażą.

2. Dodać wypłukaną wcześniej soczewicę i bulion warzywny. Dodać również liść laurowy, ziele angielskie i suszone grzyby. Gotować na małym ogniu, aż soczewica i warzywa będą miękkie, a bulion odparuje.

3. Gdyby podczas gotowania było za mało płynu, a soczewica nie zmiękła, wlać jeszcze ½ szklanki wody.

4. Dodać passatę, ocet balsamiczny, sos sojowy, syrop klonowy i zioła. Wymieszać i gotować na małym ogniu, aż ragù będzie miało gęstą konsystencję.

5. Doprawić do smaku solą i pieprzem.

Do gotowego sosu włożyć ugotowany al dente makaron tagliatelle lub spaghetti, wymieszać i podawać.

(4–6 porcji)

Curry z ciecierzycą, pomidorami i pieczoną papryką

Znakomite, aromatyczne danie jednogarnkowe, które najlepiej smakuje, gdy przygotuje się je latem ze świeżych, mięsistych pomidorów i słodkiej papryki. Jest bardzo sycące, bogate między innymi w białko, witaminę C i likopen.

Składniki

1 cebula

3 ząbki czosnku

2–3 cm świeżego imbiru

½ kg dojrzałych pomidorów (około 6 sztuk)

2 czerwone papryki

1 szklanka ugotowanej ciecierzycy (może być ze słoika albo puszki)

½ łyżeczki wędzonej papryki

½ łyżeczki mielonej kolendry

½ łyżeczki mielonego kuminu

¼ łyżeczki mielonego cynamonu

1 łyżka i 1 łyżeczka syropu klonowego

4 łyżki mleczka kokosowego

sól

świeża kolendra

oliwa extra vergine

Przygotowanie

1. Papryki upiec (przepis na s. 36).

2. W dużym garnku podsmażyć na oliwie posiekany drobno czosnek i cebulę, dodać starty imbir, kolendrę, kumin, cynamon i wędzoną paprykę, a po chwili dodać jeszcze obrane ze skórki i pokrojone w kostkę pomidory.

3. Dusić do momentu, aż pomidory rozpadną się i zmienią strukturę.

4. Dodać pokrojoną drobno pieczoną paprykę i ciecierzycę.

5. Całość wymieszać, wlać mleczko kokosowe i doprawić do smaku solą. Podawać ze świeżą kolendrą i ryżem.

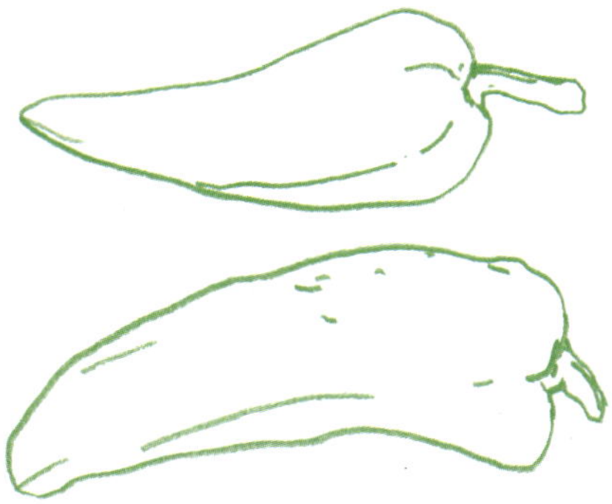

Pierogi z farszem z dyni, grochu i suszonych pomidorów

Kocham pierogi. Mogę jeść je codziennie i nigdy mi się nie znudzą. Moje dzieci również za nimi przepadają.

Składniki

½ szklanki suchego grochu w połówkach

2 cebule

2 ząbki czosnku

1 szklanka zwartego i gęstego purée z pieczonej dyni hokkaido (przepis na s. 39)

10–12 suszonych pomidorów z oliwy

2 liście laurowe

½ łyżeczki suszonego majeranku

½ łyżeczki mielonej kolendry

1 łyżeczka papryki wędzonej

1 łyżka sosu sojowego

sól

oliwa extra vergine

Ciasto

1 szklanka mąki białej typu 480

1 szklanka mąki graham typu 1850

gorąca woda

Przygotowanie

1. Groch namoczyć w gorącej wodzie przez 30 minut. Następnie odcedzić, wsypać do garnka, zalać 3 szklankami wody, dodać liście laurowe i gotować pod przykryciem z lekko uchyloną pokrywką przez około 40 minut, co jakiś czas zbierając z powierzchni pianę. Pod koniec gotowania, gdy groch będzie już miękki (będzie rozpadał się pod naciskiem widelca), wlać sos sojowy i wymieszać. Zdjąć z ognia, odcedzić, wyjąć liście laurowe i wystudzić.

2. Podczas gdy groch się gotuje, pokroić w kosteczkę cebulę i podsmażyć na oliwie na złoty kolor. Suszone pomidory wypłukać z oliwy i drobno pokroić.

3. Do dużej miski włożyć ugotowany groch, purée z dyni, suszone pomidory i połowę podsmażonej cebuli, zmiksować na zwartą, ale nie gładką masę.

4. Dodać resztę cebuli, majeranek, kolendrę i wędzoną paprykę, wymieszać łyżką i posolić do smaku.

5. Z obu mąk i gorącej wody zagnieść miękkie, elastyczne ciasto pierogowe. Rozwałkować je na duży, cienki placek, szklanką wykrawać z niego krążki i napełniać je przygotowanym farszem. Każde kółko złożyć na pół, a następnie zlepić brzegi, formując pierogi.

6. Pierogi wrzucić do lekko osolonej, wrzącej wody. Od momentu gdy wypłyną na wierzch, gotować jeszcze około 3 minut.

7. Podawać z podsmażoną cebulką i dowolną sałatką lub surówką.

(4–6 kotlecików)

Kotleciki marchewkowo-fasolowe

To jedne z ulubionych kotlecików moich dzieci. Są proste w przygotowaniu i bardzo sycące. Podaję je z kiszonym ogórkiem, jakąś sałatką i ryżem lub ziemniakami. Pycha!

Składniki

1 duża cebula lub 2 małe

2 marchewki

1½ szklanki ugotowanej białej drobnej fasoli (może być z puszki lub słoika)

⅓ suchej szklanki kaszy jaglanej

4 łyżki mąki ryżowej lub bułki tartej

½ łyżeczki wędzonej papryki

½ łyżeczki mielonej kolendry

½ łyżeczki suszonego tymianku

1 łyżka sosu sojowego

sól

oliwa extra vergine

bułka tarta lub zmielone płatki kukurydziane bez cukru do obtaczania

Przygotowanie

1. Ugotować kaszę jaglaną (przepis na s. 41).

2. Cebulę pokroić w drobną kostkę i zeszklić na patelni na 1 łyżce oliwy. Marchewki zetrzeć na tarce o drobnych oczkach.

3. Fasolę, kaszę, podsmażoną cebulkę, marchewkę i przyprawy zmiksować na jednolitą masę. Dodać mąkę lub bułkę tartą i doprawić do smaku solą.

4. Z tak powstałej masy formować niewielkie kotleciki, obtoczyć je w bułce tartej lub zmielonych płatkach i smażyć na patelni na niewielkiej ilości tłuszczu lub piec w piekarniku nagrzanym do 200°C przez około 35–40 minut. W połowie pieczenia obrócić delikatnie na drugą stronę.

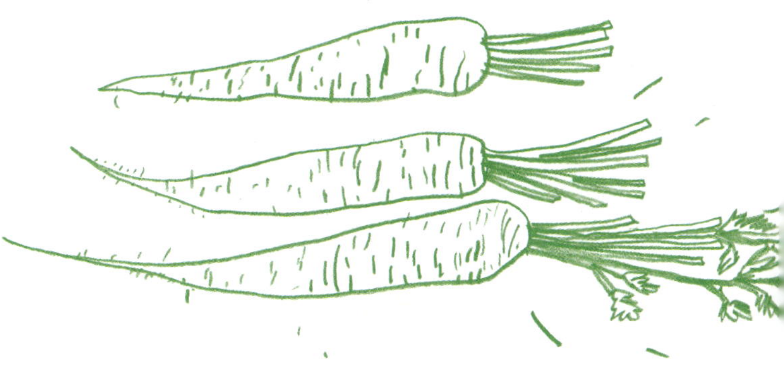

SURÓWKA Z KAPUSTY PEKIŃSKIEJ Z RZODKIEWKĄ, OGÓRKIEM I AWOKADO

•

SAŁATKA Z SAŁATY RZYMSKIEJ, MIĘTY, TRUSKAWEK I MIGDAŁÓW

•

SAŁATKA ZE SZPINAKU, RUKOLI, POMIDORÓW I AWOKADO

•

TABBOULEH Z KALAFIORA

•

SAŁATKA Z CIECIERZYCY I KASZY BULGUR Z WARZYWAMI I SOSEM WINEGRET

•

SAŁATKA Z ROSZPONKI, DYNI, GRUSZKI I MALIN Z SOSEM KOKOSOWO-CYNAMONOWYM

•

AZJATYCKA SURÓWKA MARCHEWKOWA Z SEZAMEM I FISTASZKAMI

•

SURÓWKA Z CZERWONEJ KAPUSTY, Z GRANATEM I AWOKADO

•

SAŁATKA Z BRUKSELKI I KAPUSTY PEKIŃSKIEJ Z MARCHEWKĄ I ORZECHAMI

•

SAŁATKA Z KOPREM WŁOSKIM, POMARAŃCZĄ I BAZYLIĄ

•

CARPACCIO Z PIECZONYCH BURAKÓW

7

Sałatki i surówki

Dzieci nie jedzą sałatek i surówek?
Jedzą.
Wystarczy wprowadzić je na stałe
do rodzinnego menu
i nie ograniczać wyobraźni
przy wymyślaniu kolejnych kompozycji.

Surówka z kapusty pekińskiej z rzodkiewką, ogórkiem i awokado

Znakomita surówka, którą często jemy z pulpetami z soczewicy albo kotletami marchewkowo-fasolowymi. Do tego jakaś kasza lub ziemniaczki i obiad gotowy.

Przygotowanie

1. Kapustę drobno posiekać i wsypać do dużej miski.

2. Następnie dodać pokrojone w drobną kosteczkę rzodkiewki, ogórka i awokado oraz wyciśnięty czosnek.

3. Na koniec dodać oregano, sól i sok z cytryny.

4. Całość wymieszać. Najlepiej smakuje zaraz po przygotowaniu.

Składniki

150 g kapusty pekińskiej (jak najbardziej zielona)

5 rzodkiewek

1 ogórek szklarniowy lub kilka gruntowych (200 g)

1 duże dojrzałe awokado

1 mały ząbek czosnku

¼–½ łyżeczki suszonego oregano

2–3 łyżki soku z cytryny

sól

Sałatka z sałaty rzymskiej, mięty, truskawek i migdałów

Sałatka warzywno-owocowa na słodko – z truskawkami, awokado i zieleniną. Idealnie sprawdzi się na drugie śniadanie. Można ją wzbogacić również o inne owoce, na przykład melona, arbuza czy borówki.

Składniki

5 liści minisałaty rzymskiej lub 2–3 liście zwykłej sałaty rzymskiej

200 g truskawek

1 dojrzałe awokado

garść płatków migdałowych

1–2 łyżki posiekanych listków mięty

2 łyżki soku z cytryny

1 łyżeczka syropu klonowego

¼ łyżeczki mielonego cynamonu

Przygotowanie

1. Do dużej miski włożyć posiekane liście sałaty, pokrojone w ćwiartki truskawki i pokrojone w kosteczkę awokado.

2. Wlać sok z cytryny, syrop klonowy i wsypać cynamon. Całość wymieszać.

3. Na koniec podprażyć i dodać migdały lub inne ulubione orzechy albo nasiona.

4. Całość jeszcze raz wymieszać. Można podawać w miseczkach albo na listkach sałaty rzymskiej.

Sałatka ze szpinaku, rukoli, pomidorów i awokado

To nasza podstawowa sałatka, którą przygotowuję bardzo często. Szczególnie uwielbiana przez Kacperka – smakosza surowego szpinaku. I teściową, która za każdym razem, gdy je ją u nas, wpada w zachwyt i pyta o przepis.

Składniki

3 upchnięte szklanki szpinaku baby

garść rukoli

250 g pomidorków koktajlowych

1 dojrzałe awokado

2–3 łyżki posiekanego szczypiorku

2–3 łyżki soku z cytryny

sól

2–3 łyżki pestek dyni lub słonecznika

Przygotowanie

1. Do dużej miski włożyć szpinak, rukolę, pokrojone w połówki lub ćwiartki pomidorki, pokrojone w drobną kostkę awokado i szczypiorek.

2. Wlać sok z cytryny, dodać sól oraz pestki dyni i słonecznika. Całość wymieszać.

Tabbouleh z kalafiora

Tabbouleh, czyli sałatka kuchni libańskiej ze świeżych, drobno pokrojonych warzyw z dodatkiem kaszy bulgur. Tu zamiast kaszy – posiekany kalafior, który nadaje sałatce nieco innego charakteru.

Składniki

300 g kalafiora

160 g pomidorków koktajlowych

½ ogórka szklarniowego lub 2 gruntowe

2 łyżki drobno posiekanej natki pietruszki

2 łyżki drobno posiekanej mięty

2 łyżki drobno posiekanego szczypiorku

2–3 łyżki soku z cytryny

sól

pieprz

Przygotowanie

1. Kalafior zetrzeć na tarce o grubych oczkach lub rozdrobnić w malakserze i włożyć do dużej miski.

2. Dodać pokrojone w ósemki pomidorki koktajlowe, pokrojonego w drobną kostkę ogórka, posiekane natkę pietruszki, miętę i szczypiorek. Wlać sok z cytryny, dodać sól.

3. Całość wymieszać. Najlepiej smakuje, gdy chwilę postoi i wszystkie smaki się przegryzą.

Sałatka z ciecierzycy i kaszy bulgur z warzywami i sosem winegret

Składniki

1 szklanka ugotowanej ciecierzycy (może być z puszki albo ze słoika)

1½ szklanki ugotowanej gruboziarnistej kaszy bulgur (przepis na s. 42)

½ czerwonej papryki

½ żółtej papryki

4 pomidory suszone z oliwy

3 łyżki posiekanego szczypiorku

3 łyżki posiekanej natki pietruszki

1 łyżeczka ziół prowansalskich

sól

2–3 łyżki lekko podprażonych pestek słonecznika

Winegret

2 łyżki oliwy extra vergine

1 łyżka soku z cytryny

1 łyżeczka musztardy dijon

1 łyżeczka syropu klonowego

Niezmiernie cieszą mnie sytuacje, gdy tworzę jakieś nowe danie, a moje dzieci kosztują je i po chwili zostaje już tylko pusta miska. Tak było między innymi z tą sałatką. Nie dziwne więc, że zagościła na dobre w naszym menu.

Przygotowanie

1. Wszystkie składniki na winegret dokładnie wymieszać. Można użyć trzepaczki, miksera albo wlać do słoika, dokładnie zakręcić i minutę potrząsać.

2. Paprykę bez gniazda nasiennego pokroić w małą kostkę. Suszone pomidory drobno posiekać.

3. Do miski wsypać ciecierzycę, kaszę bulgur, paprykę, suszone pomidory, szczypiorek, natkę i słonecznik.

4. Dodać zioła prowansalskie i sos winegret. Wymieszać.

5. Najlepiej smakuje 30 minut po przygotowaniu, gdy smaki się przegryzą.

Sałatka z roszponki, dyni, gruszki i malin z sosem kokosowo-cynamonowym

Znakomita sałatka, która łączy w sobie warzywa i owoce. Kolorowa bomba witaminowa. Jest odżywcza i słodka, a polana przyjemnym aksamitnym sosem kokosowo-cynamonowym na bazie mleka kokosowego i kaszy jaglanej po prostu rozpływa się w ustach. Idealna na drugie śniadanie albo podwieczorek.

Składniki

1 szklanka luźno upchniętej roszponki

150 g dyni piżmowej

1 duża dojrzała gruszka

1 szklanka świeżych malin

1 łyżeczka oliwy extra vergine

¼ łyżeczki mielonego cynamonu

szczypta soli

Sos kokosowo-cynamonowy

½ szklanki mleczka kokosowego

½ szklanki ugotowanej kaszy jaglanej (przepis na s. 41)

¼ łyżeczki mielonego cynamonu

¼ łyżeczki mielonej wanilii

1 łyżeczka soku z cytryny

Przygotowanie

1. Dynię obrać, pokroić w półcentymetrową kostkę i włożyć do miski, wlać oliwę, dodać szczyptę soli i cynamon, wymieszać dłonią.

2. Przełożyć na blachę wyłożoną pergaminem i piec w temperaturze 180°C, aż dynia będzie miękka i się przyrumieni (około 30 minut). Zamiast piec dynię, można ją również podsmażyć na patelni.

3. Do dużej miski włożyć roszponkę, wystudzoną dynię, pokrojoną w kostkę gruszkę i maliny.

4. Wszystkie składniki sosu włożyć do wysokiego naczynia i zmiksować na gładko blenderem żyrafą.

5. Gotowym dressingiem polać sałatkę. Całość delikatnie wymieszać.

Azjatycka surówka marchewkowa z sezamem i fistaszkami

Zamiast klasycznej surówki z marchewki i jabłka, zróbcie tę – marchewkową po azjatycku. Już sam inny sposób pokrojenia marchewki jest intrygujący i zachęca do jej spróbowania.

Składniki

4–6 marchewek (½ kg)

2 łyżki soku z cytryny

2 łyżeczki syropu klonowego

1–2 łyżeczki oleju sezamowego

1 łyżka oleju ryżowego lub rzepakowego

1 mały ząbek czosnku

¼–½ łyżeczki suszonego imbiru

sól

1 łyżka jasnego sezamu

garść posiekanych fistaszków

3–4 łyżki posiekanego szczypiorku

Przygotowanie

1. Marchewkę obrać i używając obieraczki do warzyw, pokroić w długie paski, włożyć do miski i posolić.

2. Z obu olejów, soku z cytryny i syropu klonowego zrobić dressing, polać nim paski marchewki, wymieszać i odstawić na 15–30 minut.

3. Sezam wysypać na rozgrzaną suchą patelnię i chwilę prażyć, aż zacznie pachnieć i lekko się przyrumieni. Wystudzić.

4. Do marchewki dodać posiekany szczypiorek, sezam i fistaszki. Wymieszać. Ewentualnie dosolić do smaku.

Wskazówki

Marchewkę można również klasycznie zetrzeć na tarce o grubych oczkach.
Część marchewki można zamienić na kapustę.
W wersji dla dorosłych surówkę można bardziej zaostrzyć, dodając świeży imbir.

Surówka z czerwonej kapusty z granatem i awokado

Jecie czerwoną kapustę na surowo? Jeśli nie, koniecznie spróbujcie, jest wtedy zdecydowanie bardziej wartościowa niż gotowana. Przygotujcie na przykład tę prostą, lekką i kolorową surówkę. Smakuje obłędnie.

Składniki

200–300 g czerwonej kapusty

1 owoc granatu

1 dojrzałe awokado

2–3 łyżki posiekanego szczypiorku

2 łyżki soku z cytryny

sól

Przygotowanie

1. Z owocu granatu wyjąć nasiona.

2. Kapustę drobno poszatkować, awokado obrać i pokroić w małą kostkę.

3. Do dużej miski włożyć pokrojone warzywa, nasiona granatu i szczypiorek. Wlać sok z cytryny i posolić do smaku. Całość wymieszać.

Wskazówki

Wyłuskiwanie nasion z granatu nie musi być żmudne. Wystarczy ostrym nożem odciąć jak najwięcej górnej części granatu, ale w ten sposób, aby nie naruszyć nasion. Następnie odciąć dół owocu – tak zwaną koronę. Należy wyciąć ją w formie stożka, lekko zagłębiając się w owoc. Później zrobić nacięcia wzdłuż tak zwanych żeber – charakterystycznych zgrubień na powierzchni skórki. Są to miejsca, gdzie nasiona wewnątrz owocu są od siebie oddzielone białymi błonkami. Nacięcia należy zrobić tak, aby nie uszkodzić nasion. Potem chwycić owoc w obie dłonie i delikatnie, ale zdecydowanie go rozłupać. Powinien łatwo pęknąć wzdłuż nacięć. Teraz można usunąć białe błonki i wyjąć nasiona z każdej oddzielonej części.

Sałatka z brukselki i kapusty pekińskiej z marchewką i orzechami

A gdyby tak brukselkę poszatkować jak zwykłą kapustę i zrobić z niej surówkę? Spróbujcie, a jestem pewna, że w takiej właśnie wersji to bardzo zdrowe, lecz często nielubiane warzywo przypadnie wam do gustu.

Składniki

300 g brukselki (3 szklanki posiekanej)

1 duża marchewka

2 łyżki posiekanego koperku

2 łyżki posiekanego szczypiorku

garść orzechów laskowych lub migdałów

2–3 łyżki soku z cytryny

1 łyżka oliwy extra vergine

sól

Przygotowanie

1. Brukselkę drobno posiekać, marchewkę obrać i zetrzeć na tarce o grubych oczkach. Włożyć do miski.

2. Migdały lub orzechy podprażyć (przepis na s. 43) i posiekać.

3. Do miski wsypać koperek, szczypiorek i orzechy lub migdały. Wlać sok z cytryny i oliwę, całość wymieszać. Posolić do smaku.

Sałatka z koprem włoskim, pomarańczą i bazylią

Przepis na tę sałatkę przywiozłam z Sycylii, w której się zakochałam. Z zachwytem oglądałam i fotografowałam tamtejsze sady pełne cytrusów, awokado i pola karczochów. Delektowałam się również niezwykle prostą, ale jakże smakowitą kuchnią.

Składniki

1 duża bulwa kopru włoskiego

1 duża pomarańcza

5–6 dużych listków bazylii

2 łyżki posiekanego szczypioru

1 łyżka oliwy extra vergine

sól

garść posiekanych pistacji, migdałów lub orzechów pinii

Przygotowanie

1. Bulwę kopru włoskiego pokroić w cieniutkie plastry i włożyć do miski.

2. Pomarańczę obrać, pozbawić białej błonki, pokroić w plastry lub mniejsze cząstki i dodać do kopru razem ze szczypiorkiem i posiekaną bazylią.

3. Posolić, wlać oliwę i dorzucić pistacje. Całość wymieszać.

Carpaccio z pieczonych buraków

Pieczone buraki nabierają słodyczy. Genialnie komponują się z pikantną rukolą, nasionami granatu albo porzeczkami i słonymi pistacjami.

Przygotowanie

1. Buraki upiec (przepis na s. 38) i wystudzić.

2. Przygotować dressing: do słoiczka wlać oliwę, ocet, syrop klonowy oraz wsypać tymianek i sól. Słoik zakręcić i potrząsnąć nim chwilę, aby wszystkie składniki się wymieszały.

3. Na całej powierzchni dużego talerza położyć listki rukoli, na nich ułożyć cienkie plastry upieczonych buraków. Polać dressingiem i posypać posiekanymi pistacjami oraz porzeczkami lub nasionami granatu.

Wskazówki

Pistacje można zamienić na pestki dyni lub płatki migdałowe.

Składniki

2 średnie buraki

⅓ szklanki nasion granatu lub porzeczek (czarnych lub czerwonych)

garść rukoli

garść posiekanych pistacji

Dressing

2 łyżki oliwy extra vergine

1 łyżka octu balsamicznego

1 łyżeczka syropu klonowego

¼ łyżeczki suszonego tymianku

szczypta soli

CYTRYNOWA TARTA Z KREMEM JAGLANO-
-JARMUŻOWYM Z TRUSKAWKAMI

ZIELONE KULKI MOCY W CZEKOLADZIE

CZEKOLADOWE MUFFINKI Z CUKINIĄ

LODY MARCHEWKOWE

BAZYLIOWE LODY Z AWOKADO

KOKTAJL PAPRYKOWO-DYNIOWY Z OWOCAMI

JAGLANY BUDYŃ PIETRUSZKOWO-GRUSZKOWY

TARTA DYNIOWO-POMARAŃCZOWO-
-BANANOWA

KISIEL BURACZANY Z JAGODAMI

CZEKOLADOWO-ORZECHOWY KREM
Z KALAFIORA

CIASTECZKA OWSIANO-KOKOSOWE
Z MARCHEWKĄ

TRUFLE ŚLIWKOWO-ORZECHOWE
Z BURAKIEM

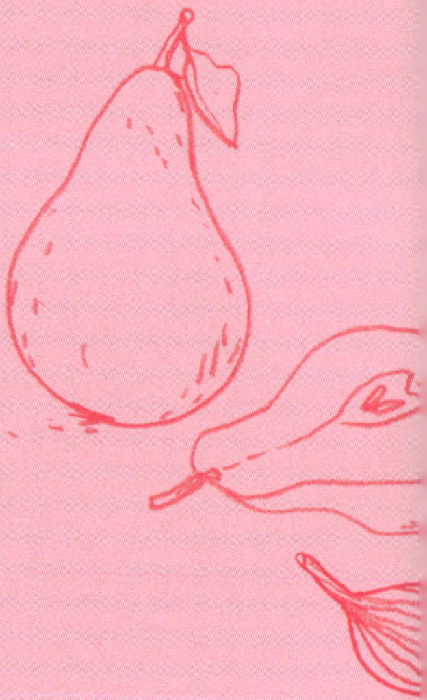

8

Na słodko

Warzywa dodane do słodkości sprawiają,
że słodycze stają się
bardziej wartościowe odżywczo,
wpływają na ich strukturę, konsystencję,
a czasami także na kolor.

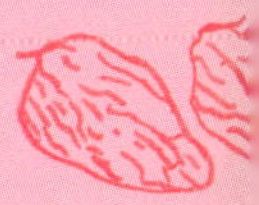

Cytrynowa tarta z kremem jaglano--jarmużowym z truskawkami

Składniki

$2/3$ szklanki suchej kaszy jaglanej

1½ szklanki soku jabłkowego (tłoczonego, bez cukru)

1 szklanka luźno ubitego posiekanego jarmużu

skórka otarta z 1 cytryny

½ szklanki soku z cytryny

3 dojrzałe banany (300 g po obraniu)

½ łyżeczki mielonej wanilii lub kilka kropel ekstraktu waniliowego

1 łyżka roztopionego oleju kokosowego

15–20 truskawek do dekoracji

Spód

2 szklanki suszonych daktyli (200 g)

1 szklanka wiórków kokosowych

½ szklanki płatków jaglanych

2 łyżki kakao

Ciasto, które można jeść bez wyrzutów sumienia nawet na śniadanie. Jest sycące i odżywcze. Zawiera sporo błonnika, witamin i minerałów. Pięknie wygląda i wspaniale smakuje.

Przygotowanie

1. Najpierw zrobić spód: daktyle namoczyć w wodzie i odstawić, aż będą bardzo miękkie.

2. Wiórki kokosowe z płatkami jaglanymi wsypać do pojemnika blendera z ostrzem S i zmiksować na mąkę. Następnie dodać kakao i dokładnie odciśnięte daktyle, całość zmiksować na gładko. Ma powstać gęsta, dosyć zbita masa. Gdyby była za mokra należy dodać więcej płatków jaglanych lub wiórków, jeśli za sucha – dodać nieco wody z daktyli.

3. Masę rozprowadzić równomiernie na dnie formy do tarty z wyjmowanym dnem o średnicy 20–21 centymetrów i docisnąć. Wstawić do lodówki.

4. W tym czasie przygotować krem: kaszę jaglaną przepłukać wrzątkiem, zalać sokiem jabłkowym i gotować na małym ogniu pod przykryciem, aż kasza całkowicie wchłonie sok. Zdjąć z ognia i przestudzić.

5. Letnią kaszę zmiksować na gładko z jarmużem, bananami, olejem kokosowym, sokiem i skórką z cytryny oraz wanilią. Całość przelać do formy, na wierzchu położyć pokrojone truskawki i wstawić do lodówki na kilka godzin, aż masa zastygnie.

Zielone kulki mocy w czekoladzie

Nieco zaskakujące kulki mocy okryte skorupką z gorzkiej czekolady. Ich zielony środek kryje w sobie samo dobro – słodki groszek, szpinak i pistacje. Pycha!

Składniki

1 szklanka mrożonego groszku

garść szpinaku baby

1 pełna po brzeg szklanka obranych pistacji

½ szklanki płatków migdałowych

4 łyżki syropu klonowego

1 łyżka soku z cytryny

1 łyżeczka mielonego kardamonu

½ łyżeczki mielonej wanilii

szczypta soli

100 g gorzkiej czekolady dobrej jakości

Przygotowanie

1. Mrożony groszek zalać wrzątkiem i poczekać aż się rozmrozi. Następnie odcedzić go i osuszyć.

2. Pistacje i lekko podprażone płatki migdałowe wsypać do blendera z ostrzem S i zmiksować na mąkę. Dodać resztę składników i całość zmiksować na gładką jednolitą masę.

3. Uformować z niej małe kuleczki wielkości orzecha włoskiego.

4. Czekoladę rozpuścić w kąpieli wodnej i zanurzać w niej zielone kuleczki, tak aby całe pokryły się czekoladą. Następnie kulki delikatnie wyjąć widelcem, łyżeczką lub wykałaczką i położyć na talerzu wyłożonym pergaminem.

Wskazówki

Gotowe kuleczki przechowywać w lodówce do kilku dni.

(12 sztuk)

Czekoladowe muffinki z cukinią

Te przepyszne muffinki przygotowuje się błyskawicznie, i to bez użycia miksera. Wszystkie składniki wystarczy wymieszać łyżką. Dodatek cukinii sprawia, że muffinki są przyjemnie wilgotne.

Składniki

250 g suszonych daktyli

2 szklanki mąki graham typu 1850, drobno mielonej

3 łyżki kakao

1 łyżeczka mielonego kardamonu

1 łyżeczka mielonego cynamonu

½ łyżeczki mielonej wanilii

1 łyżeczka sody oczyszczonej

1 łyżeczka proszku do pieczenia bez fosforanów

4 łyżki oliwy extra vergine lub oleju rzepakowego

3 łyżki syropu klonowego

1 łyżka soku z cytryny

ciąg dalszy na następnej stronie

Przygotowanie

1. Suszone daktyle moczyć w 1 szklance gorącej wody, aż staną się miękkie. Następnie zmiksować je wraz z wodą na gęsty mus.

2. Do musu wlać olej, mleko roślinne i syrop klonowy. Dokładnie rozetrzeć.

3. W dużej misce wymieszać suche składniki, wlać do nich mus daktylowy i wymieszać. Na koniec dodać cukinię, sok z cytryny i delikatnie wymieszać. Ciasto przełożyć do foremek na muffinki.

4. Piec około 20–25 minut w piekarniku nagrzanym do 180°C (grzanie góra–dół). Wystudzić.

5. Przygotować polewę czekoladową: do rondelka wlać ½ szklanki mleka roślinnego i połamaną na kostki czekoladę, postawić na małym ogień. Rozpuścić czekoladę, cały czas mieszając. Ma powstać dosyć gęsta, jednolita polewa.

6. Wierzch muffinek polać polewą czekoladową i posypać płatkami migdałowymi oraz owocami liofilizowanymi lub suszonymi.

½ szklanki + 4 łyżki mleka roślinnego

2 szklanki startej na dużych oczkach cukinii (należy zetrzeć ją tuż przed połączeniem suchych składników z mokrymi)

Polewa czekoladowa

tabliczka gorzkiej czekolady 70%

½ szklanki mleka roślinnego

Do ozdoby

płatki migdałowe, liofilizowane truskawki, maliny

Lody marchewkowe

Lody to deser, za którym przepadają chyba wszystkie dzieci. Przygotowując je w domu, mamy kontrolę nad tym, co zawierają. Odpowiednio dobierając składniki, możemy stworzyć z nich nie tylko pyszny, lecz także zdrowy deser.

Składniki

350 g marchewki

1 duży dojrzały banan

½ szklanki soku z jabłek (tłoczonego)

1 łyżka soku z cytryny

szczypta cynamonu

¼ łyżeczki mielonej wanilii (opcjonalnie)

Przygotowanie

1. Marchewki obrać i ugotować na parze lub w małej ilości wody. Wystudzić.

2. Następnie włożyć do blendera i zmiksować wraz z pozostałymi składnikami na gładko.

3. Przełożyć do foremek do lodów i zamrozić.

Bazyliowe lody z awokado

A oto kolejna propozycja lodów, tym razem na bazie awokado, dzięki któremu są nie tylko zdrowe, ale też superkremowe. Moje dzieci za nimi przepadają. Czasami zamiast bazylii dodaję do nich listki mięty. Też wychodzą pyszne.

Składniki

3 dojrzałe awokado

35 dużych listków bazylii ($\frac{2}{3}$ szklanki)

10 łyżek soku z cytryny

$\frac{1}{3}$ szklanki + 2 łyżki syropu klonowego

Przygotowanie

1. Awokado obrać i wyjąć pestkę.

2. Wszystkie składniki umieścić w blenderze i zmiksować na gładko. Powstałą masę przełożyć do foremek na lody i zamrozić.

3. Można też masę wlać do pojemniczków na lód, zamrozić, a potem wyjąć z zamrażalki, chwilę odczekać, aż lekko się odmrożą, następnie wyjąć je, włożyć do blendera, który kruszy lód, i zmiksować na gładko.

4. Gotowe lody nakładać łyżką do lodów do pucharków lub wafelków.

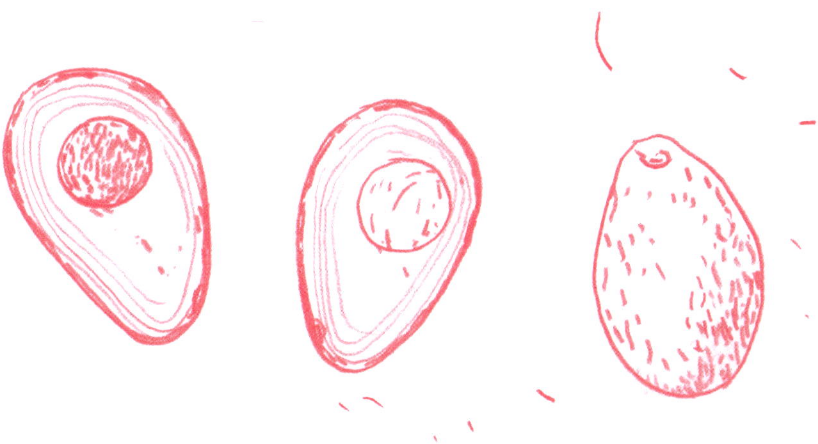

Koktajl paprykowo-dyniowy z owocami

Koktajle warzywno-owocowe to ekspresowy pomysł na zdrowy deser nie tylko dla dzieci. A gdy nam się znudzą, można zawsze je zamrozić i przemienić w lody. Spróbujcie przygotować sobie koktajl z czerwoną papryką, dynią, słodkimi gruszkami i truskawkami – przepyszne połączenie smakowe.

Przygotowanie

Wszystkie składniki zmiksować na gładki koktajl. Można podawać z ulubionymi posiekanymi orzechami.

Składniki

½ czerwonej papryki

½ szklanki purée z pieczonej dyni hokkaido lub piżmowej (przepis na s. 39)

2 średniej wielkości słodkie gruszki

1 szklanka truskawek (świeżych lub mrożonych)

½ szklanki mleka roślinnego

½ łyżeczki mielonej wanilii (opcjonalnie)

Jaglany budyń pietruszkowo-gruszkowy

Ten nietypowy budyń podbije wasze serca. Słodka pietruszka znakomicie współgra z gruszkami i mleczkiem kokosowym. Dzięki kaszy jaglanej budyń jest sycący i może stanowić nie tylko podwieczorek, lecz także śniadanie.

Składniki

2 średnie pietruszki (140 g)

2 gruszki pokrojone w kosteczkę (2 szklanki)

4 łyżki suchej kaszy jaglanej

1 szklanka mleczka kokosowego

¼ łyżeczki mielonego kardamonu

sok wyciśnięty z cytryny

Przygotowanie

1. Pietruszki obrać, pokroić w półcentymetrowe plasterki, włożyć do garnka. Dodać kaszę jaglaną i zalać całość 1 szklanką wody i 1 szklanką mleczka kokosowego. Gotować do momentu, aż kasza i pietruszka będą miękkie.

2. W międzyczasie obrać gruszki, wydrążyć gniazda nasienne. Owoce pokroić w kosteczkę i udusić do miękkości w rondelku z odrobiną wody.

3. Gruszki połączyć z pietruszką i kaszą jaglaną, zmiksować na gładko, dodać kardamon i jeszcze raz wymieszać.

4. Jeśli się uda, odczekać, aż wystygnie, choć w naszym domu budyń znika w mgnieniu oka.

Tarta dyniowo-pomarańczowo--bananowa

Lubię przygotowywać ciasta, które nie wymagają pieczenia, a także nie zawierają cukru i mąki – są wyłącznie z pełnowartościowych składników. Ta tarta należy do moich ulubionych. Robiłam ją już wiele razy i zawsze wychodzi idealnie.

Składniki

2 szklanki purée z dyni (przepis na s. 39)

3 dojrzałe banany (300 g po obraniu)

1 pomarańcza (180 g po obraniu i bez białej skórki)

skórka otarta z 1 pomarańczy

1 łyżka soku z cytryny

2½ łyżeczki agaru + 4 łyżki wody

Przygotowanie

1. Najpierw zrobić spód: wiórki kokosowe wraz z płatkami jaglanymi zmiksować w blenderze z ostrzem S na mąkę. Dodać kakao i jeszcze raz wymieszać. Potem dodać namoczone i dokładnie odsączone daktyle, zmiksować. Ma powstać zwarta, gliniasta masa.

2. Taką masę należy rozprowadzić równo na dnie formy do tarty z wyjmowanym dnem o średnicy 20–21 centymetrów, dociskając do dołu i na boki. Wstawić do lodówki.

3. Przygotować masę: sparzyć pomarańczę i otrzeć z niej skórkę. Purée z dyni, obrane banany, pomarańczę, skórkę pomarańczową i sok z cytryny zmiksować na gładko. Następnie przelać do garnka i doprowadzić do wrzenia.

5. Agar rozmieszać w 3 łyżkach wody i dodać do gotującej się masy.

6. Gotować jeszcze trzy minuty.

7. Gotową masę przelać na spód ciasta i odstawić do wystygnięcia. Gdy tarta będzie już chłodna, włożyć ją do lodówki. Na wierzch ciasta można położyć kokosową bitą śmietanę lub polewę czekoladową (przepis na s. 206).

Wskazówki

Pyszną bitą śmietanę kokosową robi się bajecznie prosto. Puszkę z mleczkiem kokosowym (80%) wstawić do lodówki na minimum 24 godziny. Następnie otworzyć puszkę, ostrożnie wyjąć górną, stałą część mleczka, która się oddzieliła, i miksować krótko z odrobiną cukru pudru lub syropu klonowego, aż będzie przypominać bitą śmietanę.

Spód

2 szklanki suszonych daktyli (200 g)

1 szklanka płatków jaglanych

1 szklanka wiórków kokosowych

3 łyżki kakao

Do podania

śmietanka kokosowa

listki mięty lub melisy

Kisiel buraczany z jagodami

Kisiel to klasyczny przykład podwieczorku dla dzieci. Często występuje w przedszkolnym menu w wersji owocowej, a jeszcze częściej z dodatkiem cukru. Zamiast takiego klasyka proponuję kisiel z pieczonego buraka i owoców jagodowych. Ma piękny kolor, smakuje wybornie i jest zdecydowanie zdrowszy niż ten tradycyjny.

Przygotowanie

1. Upiec buraka (przepis na s. 38) i wystudzić.

2. Szklankę soku jabłkowego zagotować, a drugą szklankę soku zmiksować z burakiem na gładko, dodać mąkę ziemniaczaną, cynamon, wanilię i wymieszać, tak aby powstał jednolity koktajl. Następnie wlać go do gotującego się soku. Mieszać i zaczekać, aż odpowiednio zgęstnieje.

3. Na koniec dodać jagody. Wymieszać, zdjąć z ognia i przelać do pucharków.

Wskazówki

Zamiast mąki ziemniaczanej można użyć mąki z tapioki.
Zamiast jagód można dodać porzeczki, borówki, maliny, wiśnie lub inne owoce jagodowe, świeże lub mrożone.

Składniki

2 szklanki soku jabłkowego (tłoczonego, bez cukru)

3 łyżki mąki ziemniaczanej

1 mały burak

½ szklanki jagód, świeżych lub mrożonych

¼ łyżeczki mielonego cynamonu lub kardamonu

¼ łyżeczki mielonej wanilii

posiekane migdały lub płatki migdałowe, lekko podprażone

Czekoladowo-orzechowy krem z kalafiora

Dzięki kalafiorowi ten słodki deser nie tylko zyskuje wartości odżywcze, lecz także ma przyjemną, lekką konsystencję. Smakuje wyśmienicie, a kalafior nie jest w nim zupełnie wyczuwalny.

Przygotowanie

1. Orzechy laskowe uprażyć (przepis na s. 43) i moczyć przez 30 minut w ciepłej wodzie.

2. Daktyle zalać ciepłą wodą i odstawić do momentu, aż zmiękną.

3. Kalafior ugotować w lekko osolonej wodzie lub na parze, wystudzić.

4. Do blendera włożyć kalafior, odsączone orzechy i daktyle, kakao, przyprawy i sok z cytryny. Całość zmiksować na gładki mus. Przełożyć do miseczek. Podawać z podprażonymi orzechami i malinami.

Wskazówki

Orzechy laskowe można zastąpić 2–3 łyżkami masła migdałowego lub orzechowego.

Składniki

400 g kalafiora

1½ szklanki suszonych daktyli

1 szklanka orzechów laskowych

3 łyżki kakao

½ łyżeczki mielonego cynamonu

½ łyżeczki mielonego kardamonu

½ łyżeczki mielonej wanilii lub kilka kropel ekstraktu waniliowego

1 łyżka soku z cytryny

szczypta soli

Ciasteczka owsiano-kokosowe z marchewką

(około 14 sztuk)

Pyszne ciastka, które idealnie sprawdzą się jako przekąska do szkoły albo na wycieczkę. Są proste do przygotowania, więc bez problemu można zrobić je wspólnie z dzieckiem.

Przygotowanie

1. W jednej misce wymieszać suche składniki, w drugiej mokre. Połączyć ze sobą zawartość obu misek i dobrze wymieszać. Dodać marchewkę i skórkę z pomarańczy, jeszcze raz wymieszać.

2. Łyżką do lodów nabierać ciasto i kłaść na blachę wyłożoną pergaminem, a widelcem spłaszczyć je, formując okrągłe ciastka.

3. Piec w temperaturze 180°C (grzanie góra–dół) przez około 25–30 minut.

Wskazówki

Ciastka można wzbogacić rodzynkami, suszonymi wiśniami albo żurawiną.

Składniki

1½ szklanki mąki owsianej

½ szklanki zwykłych płatków owsianych

1 szklanka wiórków kokosowych

1 łyżeczka sody oczyszczonej

½ łyżeczki mielonej wanilii (opcjonalnie)

szczypta soli

⅓ szklanki roztopionego oleju kokosowego

⅓ szklanki mleka roślinnego

⅓ szklanki + 1 łyżka syropu klonowego

2 łyżeczki soku z cytryny

skórka otarta z 1 pomarańczy

1 szklanka marchewki startej na drobnych oczkach

Trufle śliwkowo-orzechowe z burakiem

Pyszne i zdrowe trufle z piernikową nutą. W środku pieczony burak, suszone śliwki, orzechy laskowe i karob. Idealne na święta i zimowe podwieczorki.

Przygotowanie

1. Orzechy uprażyć (przepis na s. 43) i zmiksować na piasek w blenderze z ostrzem S.

2. Upiec buraka (przepis na s. 38), ostudzić, pokroić w kostkę i dodać do blendera wraz ze śliwkami, karobem i przyprawą piernikową. Całość zmiksować na gładką, klejącą masę. Gdyby masa była za luźna, dodać więcej orzechów.

3. Lepić niewielkie kuleczki i obtaczać w karobie.

Wskazówki

Trufle można przechowywać w lodówce przez kilka dni.
Część śliwek można zamienić na suszone daktyle lub wiśnie.
Zamiast przyprawy piernikowej można dodać cynamon lub kardamon.
Można również dodać szczyptę chili.

Składniki

1 średni burak

240 g suszonych śliwek

skórka otarta z 1 pomarańczy

1 szklanka orzechów laskowych

2–3 łyżki karobu w proszku + 2 do obtaczania

1 łyżeczka przyprawy piernikowej

szczypta soli

Dziękuję

Mojemu ulubionemu człowiekowi, mężowi Andrzejowi, za to, że jest wciąż przy mnie i jeszcze nie zwariował z powodu moich niekończących się eksperymentów w kuchni.

Moim dzieciom, Karolci i Kacperkowi, za wspaniałą pomoc przy tworzeniu tej książki.

Wydawnictwu Marginesy za zaufanie i świetną współpracę, szczególnie Adamowi Pluszce – za zaangażowanie i ogromną pomoc, Ani Pol – za cierpliwość i przepiękny projekt, a Zosi Koteckiej za serdeczność i profesjonalizm.

Dziękuję również Madzi Cabajewskiej z Agencji Literackiej Macadamia za wsparcie i wiarę we mnie oraz Bartkowi Kuzi za cudne zdjęcia, na których tak pięknie uchwycił moją naturę.

INDEKS

Redaktor prowadzący, redakcja, indeks Adam Pluszka
Korekta Agnieszka Radtke, Jan Jaroszuk
Projekt okładki, opracowanie graficzne i typograficzne Anna Pol
Łamanie **manufaktura** | manufaktu-ar.com

Zdjęcia na stronach 12, 14 i 17 oraz na skrzydełku © Bartek Kuzia
Pozostałe zdjęcia © Magdalena Gembacka

ISBN 978-83-65973-70-2

Wydawnictwo Marginesy Sp. z o.o.
ul. Mierosławskiego 11a, 01-527 Warszawa
tel. 48 22 839 91 27
redakcja@marginesy.com.pl
www.marginesy.com.pl

Warszawa 2018
Wydanie pierwsze

Złożono krojami pisma Scala oraz Futura BT
Książkę wydrukowano na papierze Amber Graphic 120 g

Druk i oprawa OZGraf – Olsztyńskie Zakłady Graficzne S.A.